A mon petit frère, Adrien

Nicolas SAVY

De la terre, des pierres et des hommes…

…Ou Pontcirq des origines à 1918.

ARCHEODROM

4

Du même auteur :

-*Cahors pendant la guerre de Cent Ans*, Cahors, Colorys, 2005.

-*Les femmes courage. Notes sur la vie des citadines quercinoises pendant la guerre de Cent Ans*, Cahors, Colorys, 2007.

-*Les villes du Quercy en guerre*, Pradines, Savy A.E, 2009.

Préface

Quelle joie et quel honneur de préfacer un ouvrage retraçant la vie de notre commune, Pontcirq, et de ses habitants.

Quel bonheur d'accompagner Nicolas Savy dans ces recherches.

Que d'émotions et de souvenirs : un adorable petit garçon blond qui jouait à Catus ou dans notre cour de ferme au Causse...

Après une carrière militaire Nicolas Savy reprend ses études jusqu'à l'obtention de son doctorat. Passionné d'histoire et notamment de l'histoire du Quercy, c'est tout naturellement qu'il s'intéresse à Pontcirq, cette commune lotoise pour laquelle il a quelques attaches et particulièrement le souvenir de son mariage avec Tania, que j'ai eu l'honneur de célébrer.

Vous qui comme moi aimez Pontcirq et sa région, vous allez au fil des pages de ce livre découvrir l'histoire de ce village et de ses habitants. Avec le temps la commune a changé :

- Un peu moins de superficie : en effet le hameau de Brugoux est devenu Lhermois.

- Un peu moins de population : nous étions 530 en 1880.

- Une agriculture différente : en 1916 il y avait 100 hectares de blé, 40 hectares de maïs, 37 hectares de pommes de terre et enfin 116 hectares de vigne.

Malgré tous ces changements Pontcirq reste une commune que nous aimons et où il fait bon vivre.

Je ne saurais pas terminer mon propos sans avoir une pensée particulière, respectueuse et affectueuse pour Gabriel Dubreil, Mort pour la France le 21 décembre 1917. Les lettres envoyées à ses parents, que je lis quelquefois lors des cérémonies du 11 novembre, témoignent de son attachement à notre village.

Ce livre est une page d'histoire mais c'est aussi et surtout notre histoire.

Thierry Chatain, Maire de Pontcirq.

Avant-propos et remerciements

Ce livre est né d'une conversation avec mon cousin Thierry Chatain, maire de Pontcirq. Attaché à cette commune depuis l'enfance, l'idée d'en fouiller l'histoire ne pouvait que m'attirer : dans les différents lieux du voisinage où je suivais dans leurs travaux Juliette, Martine, Charles ou Thierry Chatain, les anciens bâtiments, les ruines ou les vestiges que je trouvais ici ou là, comme ce vieux casque Adrian de 14-18 que je possède encore, piquaient toujours ma curiosité au vif. Après tant d'années, il était temps de répondre aux questions qui m'assaillaient alors. J'ai voulu ce récit proche de nous et peut-être certains trouveront-ils, en particulier dans les parties XVIIIe et XIXe siècles, que je suis parfois tombé dans l'anecdotique, mais il s'agit d'une volonté délibérée et totalement assumée.

La réalisation de cet ouvrage doit naturellement beaucoup à monsieur le maire, qui m'a laissé librement fouiller les archives communales, a répondu à mes questions sur le pays et m'a permis de nombreux contacts enrichissants ; l'investissement d'un élu pour l'histoire de sa commune peut sembler normal, mais l'expérience m'a appris que c'est souvent loin d'être le cas et c'est pourquoi je le remercie ici chaleureusement. J'en fais de même avec monsieur François Lartigaut, qui m'a livré les secrets de Labastidette et donné de précieuses indications sur des faits de l'histoire pontcirquoise, ainsi qu'à monsieur Aymeric de Valon pour m'avoir fait visiter le repaire de la Bastide-Floyras. Je suis aussi très reconnaissant envers M. et Mme Montagne, qui ont accepté de me confier leurs archives familiales, ainsi qu'à tous les Pontcirquois qui, au détour d'une conversation, m'ont livré des éléments utiles à la réalisation de ce livre.

Par un hasard bienvenu, Pontcirq est aussi la patrie d'un homme qui est mon ancien à la fois comme historien et comme soldat, Jean Lartigaut. Ce savant de renom fit la preuve de son courage physique au service de son pays avant de démontrer d'immenses capacités intellectuelles qui, malgré les possibilités universitaires ou autres qu'elles lui offraient, ne lui firent jamais quitter la terre qu'il aimait travailler. Cet ouvrage lui doit naturellement beaucoup.

Introduction

On ne vient pas à Pontcirq par hasard. A trois kilomètres de la départementale qui mène de Cahors à Puy-l'Evêque, son existence reste souvent insoupçonnée des touristes – et même des Lotois – qui empruntent cette route rapide. Tout juste certains remarquent-ils le hameau de Rostassac, partie de la commune qui borde la chaussée en bas de la grande descente qui, venant de Crayssac, rejoint ici la vallée du Vert pour la suivre jusqu'à Castelfranc.

Cet éloignement, bien que tout relatif, n'en est pas moins ressenti comme réel, et ce depuis déjà fort longtemps : les Pontcirquois des années 1630 ne se plaignaient-ils pas d'être « *fort écarté et hors des routes du commerce* » ? C'est cet isolement, finalement plus sensationnel que vécu, qui a façonné l'image du Pontcirq d'aujourd'hui. Ici la nostalgie du terroir est nourrie par les collines couvertes de chênes et de murettes, au milieu desquels les parcelles cultivées laissent apparaître, au détour d'un chemin, une maison et sa vieille grange en pierre, une gariotte, un calvaire ou une source jaillissant d'un rocher. Ce n'est pas la Sion lorraine, mais Maurice Barrès aurait peut-être trouvé que l'Esprit souffle ici aussi.

Bien peu de paysans ont encore la tâche de faire vivre les terres du pays mais, en été, seul le bruit des engins agricoles vient parfois couvrir le ronronnement des insectes qui remplit la campagne assommée de chaleur, donnant un peu de vie à ce paysage de carte postale immobile. Immobile ? Pas tout à fait… Sous un bolet, un ancien somnole sur sa chaise, le journal glissant de sa main sur le sol dallé de pierres fraîches, tandis que d'une porte ouverte, derrière un rideau de perles, provient le faible brouhaha d'une famille qui finit son repas et boit le café à l'ombre des épais murs de pierre. La conversation s'écoule en mots lentement égrainés, ponctuée de silences que meuble le tic-tac pesant de la vieille horloge.

Le territoire pontcirquois apparaît comme véritablement hors du temps : autant peut-il sembler tout à fait normal d'y croiser un tracteur ultra moderne ou une berline dernier cri, autant l'on ne serait pas surpris d'y voir circuler une De Dion-Bouton modèle 1903, un tombereau tiré par des bœufs ou un chevalier en armure.

Sur cette terre, pourtant, le temps a passé : des hommes y ont aimé, travaillé, parfois bataillé, sont morts ; chaque génération a créé ses propres évènements importants et les a vécu avant d'emporter l'émotion qu'ils ont suscitée dans l'oubli de la tombe : que sont devenus le trac des mariés d'il y a trois ou quatre siècles ? La joie des nouveaux parents des années 1530 ? La peur face aux bandes anglaises de la guerre de Cent Ans ? Le soulagement lorsqu'un orage de grêle épargnait les seuls blés que la sécheresse n'avait pas brûlés, il y a de cela si longtemps ? On ne peut, bien sûr, répondre à toutes ces questions, mais les documents et l'archéologie nous permettent de restituer le cours des événements, de mettre en valeur quelques tendances ou les relations diverses qui régissaient jadis la vie sociale et économique. Sur le canevas historique ainsi réalisé, chacun peut laisser vagabonder son imagination sur les espaces laissés libres faute de témoignages : toutes les versions seront justes, tout autant qu'elles seront fausses.

Chapitre I

Les temps anciens (jusqu'au XIIe siècle)

Une terre habitée depuis des temps immémoriaux.

Il n'y a à Pontcirq aucune grotte ou abri sous roche ayant été susceptible de fournir un habitat aux hommes préhistoriques ; cela n'exclut pas le fait qu'ils aient pu y vivre sur des sites de surface, mais l'on n'en a trouvé aucune trace à ce jour. En revanche, des vestiges du paléolithique moyen (-300 000 à - 30 000) ont été découverts sur la commune voisine de Montgesty, ainsi que sur l'ensemble du territoire environnant où des dolmens sont d'ailleurs présents en nombre, à Prayssac tout particulièrement : il serait ainsi aller vite en besogne d'affirmer que les hommes de Cro-Magnon ou de Néanderthal ne se sont jamais installés sur ce qui est aujourd'hui la commune de Pontcirq, tout comme il serait complètement infondé de prétendre le contraire ; il n'y a pas de traces, point.

Il est probable que l'arrivée des premiers occupants historiques soit à mettre en relation avec le minerai de fer qui affleure en de nombreux endroits. L'âge du fer débuta aux alentours de 780 avant Jésus-Christ, lorsque les migrations des Celtes commencèrent. Originaires d'Europe centrale, ils marchèrent vers l'ouest et le sud et finirent par coloniser l'ensemble de l'actuel territoire français ; parmi eux, le peuple des Cadurques (*Cadurcii*) s'installa dans notre province et lui donna son nom : le Quercy. Si l'on suit l'hypothèse voulant que le premier peuplement de Pontcirq soit consécutif à leur arrivée et à leur maîtrise du fer, il semble logique de placer les premiers habitats à proximité des gisements. Il se trouve justement que des résidus d'exploitation du minerai, en l'occurrence des scories, ont été trouvés à Tourniac, Labastidette-Haute et au Cluzel mais, comme l'a prudemment remarqué Jean Lartigaut, rien ne prouve que ces vestiges datent d'une période aussi ancienne ; toutefois, les documents du XVe siècle ne mentionnent des industries de transformation du fer que dans les vallées du Vert et de la Masse, sans jamais évoquer de sites en hauteur comme ceux de Pontcirq : on peut ainsi penser que ceux-ci n'étaient déjà plus dévolus à cet usage à la fin du Moyen Age et que les scories sont antérieures à cette époque. Fort ancienne, l'appellation même du Cluzel, « galerie souterraine creusée de main d'homme » en occitan, semble indiquer des travaux d'excavation, mais cela n'est pas suffisant pour affirmer que les résidus d'exploitation trouvés dans les lieux cités supra remontent au VIIIe ou au VIe siècle av. J.C.

Figure 1. La fontaine de Fontalbe.
(Fontalbe, de *Font Alba*, la « fontaine blanche »).

D'autres indices probants tendent cependant à montrer que le territoire communal était habité au début de l'âge du fer. En effet, une prospection aérienne a permis de repérer les traces de ce qui pourrait être deux sépultures collectives à urnes cinéraires d'époque protohistorique. Seuls des sondages archéologiques permettraient de déterminer la nature exacte de ces vestiges mais, si elle était confirmée, l'existence de ces deux zones d'inhumations serait à rapprocher de la découverte, au XIXᵉ siècle, d'urnes cinéraires dans d'autres endroits de la commune. Le fait que ces deux lieux de sépultures se trouvent assez proche du Cluzel donnerait à penser que cet hameau est la plus vieille zone d'habitat de la commune, mais cette affirmation doit être tempérée par la présence de bois qui rend difficile le repérage aérien d'éventuels vestiges souterrains autour de Tourniac et de Labastidette ; d'autre part, même si l'indice est mince, il convient de ne pas oublier qu'une fibule circulaire d'origine celtique a été trouvée à Labastide-Floyras.

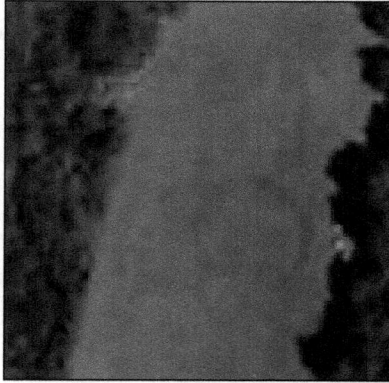

Figure 2. Vue aérienne de vestiges souterrains.
(On peut distinguer une forme circulaire d'environ 10 mètres de diamètre)

La guerre des Gaules (58-51 av. J.C.) sonna le glas de l'indépendance des tribus gauloises. La dernière bataille se déroula en Quercy, lorsque les légions de Jules César assiégèrent l'oppidum d'Uxellodunum[1] dont la garnison était

---

[1] La localisation d'Uxellodunum a déchaîné bien des passions depuis le XIXᵉ siècle, nombreuses étant les localités quercinoises voulant se parer du titre de dernière forteresse ayant résisté à Jules César : Luzech (l'Impernal), Capdenac-le-Haut, Murcens, Vayrac (le Puy d'Issolud), Cahors, etc. En 2001, les fouilles de Jean-Pierre Giraud

commandée par le chef cadurque Luctérius. Les Romains réussirent à venir à bout de la résistance acharnée des Gaulois en détournant le cours souterrain de la fontaine qui les alimentait en eau : réduits par la soif et épuisés, ils n'eurent d'autre choix que celui de se rendre. Jules César, qui voulait faire un exemple, fut sans pitié et leur fit trancher les mains. Quant à Luctérius, il put s'échapper peu avant la fin des combats et alla se réfugier en Auvergne.

La Gaule se mit alors à vivre à l'heure romaine. Parmi les autres provinces annexées à l'Empire, le Quercy se distingua par une intégration assez rapide. Les nobles donnèrent l'exemple : celui qui semble être le petit-fils de Luctérius, Marcus Lucterius Leo, reçut tous les honneurs de la ville de Divona Cadurcorum, la future Cahors, et fut prêtre de Rome et du culte impérial à l'autel de Lyon, le plus important de toute la Gaule. C'est durant les premières décennies de la domination romaine que la capitale des Cadurcii prit son essor et devint une véritable cité dotée d'un aqueduc, chef d'œuvre de génie civil, de thermes, de temples monumentaux ainsi que d'un théâtre et d'un amphithéâtre. Dans les campagnes toutefois, si l'on s'adapta à la nouvelle situation et que, comme ailleurs, de Gaulois on devint progressivement Gallo-Romain, il reste que cette romanisation ne fut pas plus qu'un vernis dans le domaine religieux car la tradition celtique resta forte.

La présence de minerai de fer resta probablement le premier atout économique du terroir pontcirquois. Attestant de la continuité du peuplement à cette époque et de l'apport de Rome dans les techniques de construction, des *tegulae*[2] gallo-romaines ont été découvertes au Bouclé, à Labastide-Foyras et à proximité de Rostassac, dans la vallée du Vert. Quant au site de Tourniac, il était toujours occupé et ses habitants enterraient leurs morts au lieu-dit le « Jayant de Tourniac ».

---

semblaient avoir définitivement permis de localiser Uxellodunum sur le Puy-d'Issolud mais, selon l'Association Pour Uxellodunum à Capdenac (APUC), un doute important subsiste et il ne pourra être totalement levé qu'après une campagne de fouilles menée sur le site de Capdenac-le-Haut.

[2] Tuiles romaines plates en terre cuite, de forme rectangulaire ou trapézoïdale.

Concernant le toponyme « Jayant », il est à remarquer qu'il désigne à Pontcirq deux endroits où des ossements antiques ont été trouvés : le « Jayant de Tourniac » et le « Jayant du Cluzel ». Ce mot, déformation du latin *gigas* et de l'occitan *gigant* (géant), a été associé à ces lieux par les hommes du Moyen Age qui, prompts à attribuer du merveilleux à des faits inhabituels, ont cru voir les restes de géants légendaires dans ces os que leurs araires dégageaient du sol.

Par le passé, certains ont affirmé que Tourniac avait été le siège d'une grande exploitation gallo-romaine. Ce postulat se base sur la toponymie du site : la terminaison en « ac », qui est souvent la réduction du latin « *acum* », pouvant désigner une villa ; Tourniac serait ainsi *Tournius acum*, la villa de Tournius, mais aucun élément archéologique ne permet de le confirmer. La chose reste cependant possible : on pourrait ainsi voir deux *villae* pontcirquoises, Tourniac et Rostassac, dont les emprises respectives d'environ 800 hectares, suivant la norme quercinoise de l'époque, auraient couvert l'actuel territoire communal et l'auraient même largement débordé. Mais il ne s'agit là que d'une hypothèse : la mention la plus ancienne de Rostassac ne remonte qu'au VIIᵉ siècle et les fragments de *tegulae* et d'*imbrices*[3] qui y ont été découverts, s'ils indiquent sans conteste la présence d'un établissement gallo-romain, ne donnent aucune indication sur l'importance qu'il pouvait avoir.

Comme le faisait remarquer Jean Lartigaut, il convient par ailleurs de garder à l'esprit que le lieu nommé *Rusticiacum* et mentionné dans « la vie de Saint-Didier », vieil ouvrage hagiographique, n'est peut-être pas le Rostassac qui nous intéresse car il existait deux autres lieux du même nom dans la région : le premier était situé à côté de Montcabrier et porte aujourd'hui le nom de Rastassat, tandis que le second, qui se trouvait sur la commune de Vaillac, a aujourd'hui disparu. L'historien soulignait d'autre part que le nom originel de Rostassac était Rautassac ou Rautassaco et que le « s » n'avait été intercalé devant le « t » qu'à partir du XVIᵉ siècle, tandis que l'appellation occitane

---

[3] Tuiles romaines semi-cylindriques servant à recouvrir les joints des *tegulae*.

populaire - « Rautacha » - n'en faisait aucun cas : selon lui, ces éléments semblaient nous éloigner quelque peu de l'évêque Rustique.

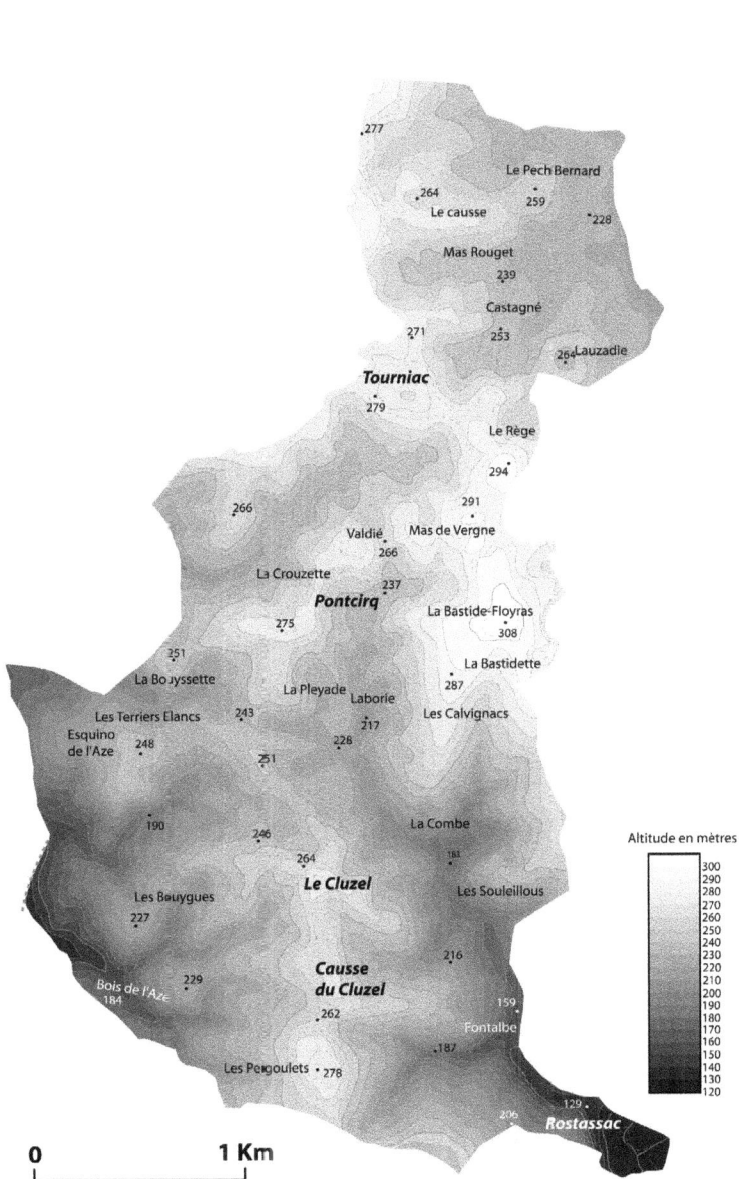

Carte 1. Le relief de Pontcirq.

La conquête de Rome et les apports de sa civilisation n'ont pas bouleversé l'agriculture locale : on continua à se servir de l'araire en bois à soc de fer, à pratiquer l'assolement biennal et à peu utiliser les fumures. Les rendements, médiocres, se situaient au mieux aux alentours de 4 pour 1 en ce qui concerne le blé.

Il est regrettable que le territoire pontcirquois n'ait pas suscité plus de recherches archéologiques ; les trouvailles fortuites faites ici et là mettent pourtant en évidence la richesse du sous-sol en vestiges susceptibles de nous apprendre beaucoup sur la vie des campagnes quercinoises durant l'Antiquité. Il n'en reste pas moins que les indices sont suffisants pour établir l'ancienneté des principales zones d'habitat de la commune.

Le Haut Moyen-Age et la formation de la paroisse.

Les documents concernant le haut Moyen Age de Pontcirq sont aussi peu nombreux que ceux ayant trait à son époque gallo-romaine. Il ne s'agit pas d'une spécificité de la commune : la période allant du Vᵉ au Xᵉ siècle est qualifiée de véritable « trou noir historique » pour l'ensemble du Quercy, tant les textes et témoignages archéologiques sont peu nombreux. Ces temps furent pourtant particulièrement riches : les invasions barbares commencèrent le 31 décembre 406 avec le franchissement du Rhin gelé par les tribus germaniques et, dès l'année suivante, les Vandales, les Suèves et les Alains atteignirent l'Aquitaine ; ils ne durent pas s'attarder dans la province, car ils n'y ont laissé que très peu de traces. Il en est de même pour les Wisigoths, dont le royaume aquitain dura pourtant presque un siècle, de 418 à 507 ; sa fin fut suivie par une époque de troubles durant laquelle le pouvoir franc s'installa.

L'épiscopat de Saint-Didier, évêque de Cahors de 630 à 655, fut une période de prospérité grâce à la paix relative qui s'était installée et à des conditions climatiques certainement satisfaisantes. Le vignoble de Rostassac[4] était alors important et les vendanges abondantes ; on y payait les impôts en amphores de vin.

La paysannerie était alors constituée d'hommes libres, plus ou moins aisés, ainsi que d'esclaves ; l'état servile disparut ensuite progressivement, car l'on n'en trouve plus que quelques mentions dans les documents d'après 975. La majeure partie de la population était vraisemblablement de souche gallo-romaine, car la colonisation franque semble avoir été modeste.

La mort de Saint Didier correspond à la réapparition des troubles dans la région : les Sarrasins commencèrent des incursions qui ne cessèrent qu'après la bataille de Poitiers, en 732, tandis que quelques années plus tard s'ouvrit un conflit entre les Aquitains et les Francs, durant lequel les seconds prirent notamment Cahors en 761 ; vinrent ensuite les raids normands, qui touchèrent Bordeaux, Périgueux, Limoges et atteignirent le Haut-Quercy en 864. Il est malheureusement impossible de savoir à quel point ces événements touchèrent Pontcirq : on l'ignore déjà pour le Quercy tout entier…

Quelques éléments archéologiques permettent cependant d'affirmer que, durant ces siècles obscurs, les zones pontcirquoises anciennement occupées le restèrent ou, si elles furent abandonnées, furent réoccupées relativement rapidement. En effet, des cimetières à inhumations ont été mis au jour à Pontcirq, à la lisière ouest du village, tandis que des tuiles à rebords et des silos de cette époque ont été trouvés à côté de Tourniac, au lieu dit la Croix du Camp de la Ville et au Pech de las Martres, ainsi qu'au Cluzel ; enfin, la découverte d'un ardillon à chevron de bronze doré à Labastide-Floyras semble aussi indiquer une occupation à cette époque.

Concernant le Camp de la Ville, une légende venue aux oreilles de Jean Lartigaut en 1959 faisait de ce lieu l'emplacement originel de la « ville » de Catus ; ici et là, la découverte de nombreux ossements (« des pleins

---

[4] Si le Rostassac pontcirquois est bien le Rusticiacum de la *Vie de Saint Didier*…

tombereaux », selon les témoins de l'époque !) semblait confirmer le récit populaire… Mais le célèbre historien retrouva dans un texte de 1608 la mention d'un certain Guillaume Laville, habitant de Lherm et propriétaire de la zone en question, dont le nom était à l'origine du toponyme.

Il convient de ne pas se laisser obnubiler par l'apparente fixité de l'habitat sur plusieurs siècles. En effet, nous n'avons pas évoqué de points d'occupation, mais des zones, car les vestiges archéologiques des différentes époques antiques et du haut Moyen-Age ne se trouvent que rarement sur une même position et sont plutôt dispersés, à peu de distance il est vrai, dans un secteur donné. Les résultats de nombreuses fouilles archéologiques menées en France durant les années 1970 et 80 ont montré que l'habitat rural des VIe-Xe siècles avait été particulièrement mouvant, mettant ainsi fin à l'ancien postulat qui voyait une filiation directe et systématique entre les *villae* gallo-romaines et les villages médiévaux ; il est ainsi probable qu'à Pontcirq, comme ailleurs, les aires d'habitat aient varié suivant les époques.

Toutefois, en même temps qu'elles démontrèrent une certaine mobilité de l'habitat, les fouilles des années 1970 et 80 mirent aussi en évidence la longévité des parcellaires, accréditant ainsi, mais de manière assez floue, l'idée que les limites des paroisses pourraient avoir été fixées à une époque reculée. Concernant celle de Pontcirq, les éléments archéologiques et historiques sont trop peu nombreux pour émettre autre chose à ce sujet que de prudentes hypothèses et quelques pistes à suivre.

Rostassac est le seul lieu mentionné dans un document du haut Moyen-Age : il s'agit vraisemblablement de *Rusticiacum*, villa ayant appartenu au début du VIIe siècle à l'évêque de Cahors Rustique et connue pour ses vignes[5]. Jean Lartigaut, remarquant que ce hameau et son territoire environnant présentaient la singularité de relever de trois paroisses différentes, posa la

---

[5] Encore une fois, nous rappelons qu'il y a eu plusieurs Rostassac en Quercy et que celui qui nous intéresse n'est peut-être pas le lieu mentionné dans la *Vie de Saint-Didier*.

question de savoir s'il ne s'agissait pas là d'une circonscription chrétienne primitive démembrée ensuite. Si c'était effectivement le cas, on peut penser que le territoire de la paroisse actuelle de Pontcirq était alors divisé en fonction de plusieurs appartenances.

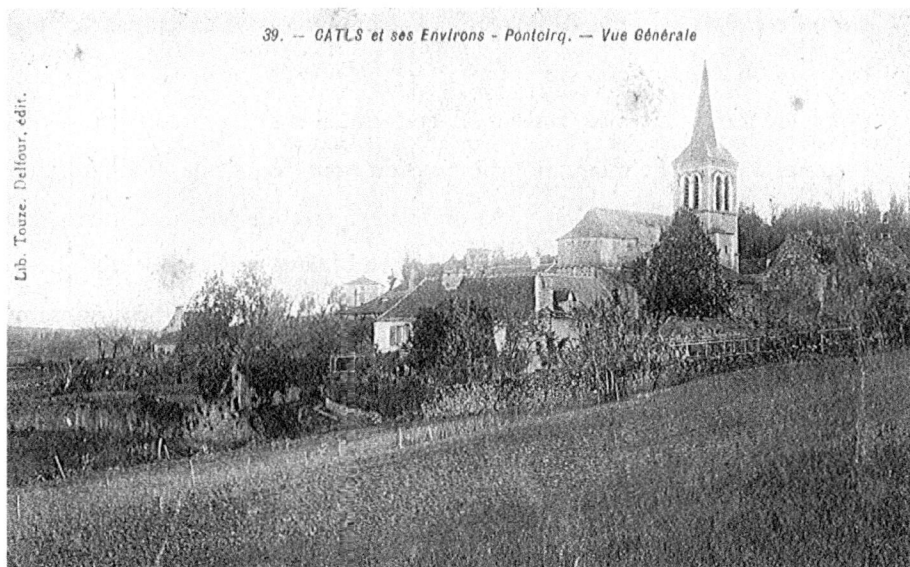

Figure 3. Pontcirq dans les années 1900.

D'autre part, Florent Hautefeuille a bien démontré que si une entité ancienne, comme une *villa*, avait pu servir de cadre à la formation d'un territoire paroissial, celui-ci avait ensuite subi de nombreuses modifications liées à la situation économique, sociale et politique des XIe et XIIe siècles. Or, on peut à juste titre penser qu'à Pontcirq les juridictions seigneuriales qui ont émergé au Cluzel, à Labastide-Floyras et à Tourniac ont certainement modifié l'organisation préexistante. Cessons toutefois là les conjectures : l'église Saint-Pierre de Pontcirq fut vraisemblablement édifiée au XIIe siècle sur l'emplacement d'une implantation antérieure ; des tombes, pouvant être du haut Moyen Age, ont en effet été exhumées dans les soubassements de la mairie ainsi qu'à une soixantaine de mètres plus au nord ; le site était d'ailleurs favorable à un établissement humain car il existe une source à proximité et les terres du vallon adjacent sont propices aux cultures. Toujours est-il que le sanctuaire se trouvait très bien placé par rapport aux pôles d'habitats fortifiés : il est situé à 1300 mètres du Cluzel, 840 de Labastide-Floyras et 1100 de Tourniac. Au départ simple annexe de Catus, l'église devint ensuite un prieuré isolé. Après avoir été élevée en paroisse, elle dépendit de l'archiprêtré de Luzech tandis que son bénéfice fut à la collation épiscopale.

Si les temps les plus anciens et la formation de la paroisse restent dans l'ombre, il en est de même pour le nom du bourg éponyme, Pontcirq, que l'on trouve sous la forme de *Ponte Cirico* ou *Ponte Ciricus*, « le pont de Cirice », dans les vieux textes en latin. Le nom Cirq en lui-même ne semble pas poser de problème de compréhension : il pourrait être dérivé de Cirice, un saint qui donna son nom à plusieurs lieux en Quercy : Saint-Cirice par exemple, ou les nombreux Saint-Cirq. *Ponte* est en revanche plus difficile à saisir, car il n'y a aucun mouvement de terrain rendant nécessaire la construction d'un pont dans les proches environs ; quant au cours d'eau le plus proche, le ruisseau de Lherm, il est à plus de 1,8 km à vol d'oiseau, aussi semble-t-il difficile d'attribuer un pont bien particulier à la localité.

M. Pierre-Henri Billy, chercheur au CNRS[6] et grand spécialiste de la toponymie occitane, a bien voulu se pencher sur ce cas. Il nous donne une explication beaucoup plus logique et rationnelle : « Pontcirq me semble être composé de l'ancien occitan *pom* « pommeau » et *cerc* « cercle », au sens de « sommet du cercle », ce qui rendrait compte de la topographie du site au-dessus d'une dépression. Quant à *pom*, on peut comparer son évolution avec celle du nom de « Plomb du Cantal » : Pom de Cantal en 1268, Pont de Cantal après 1277, Plomb du Cantal au XVIIᵉ siècle ».

---

[6] M. Pierre-Henri Billy fait partie de l'UMR 8589 LAMOP, Université Paris-I Sorbonne.

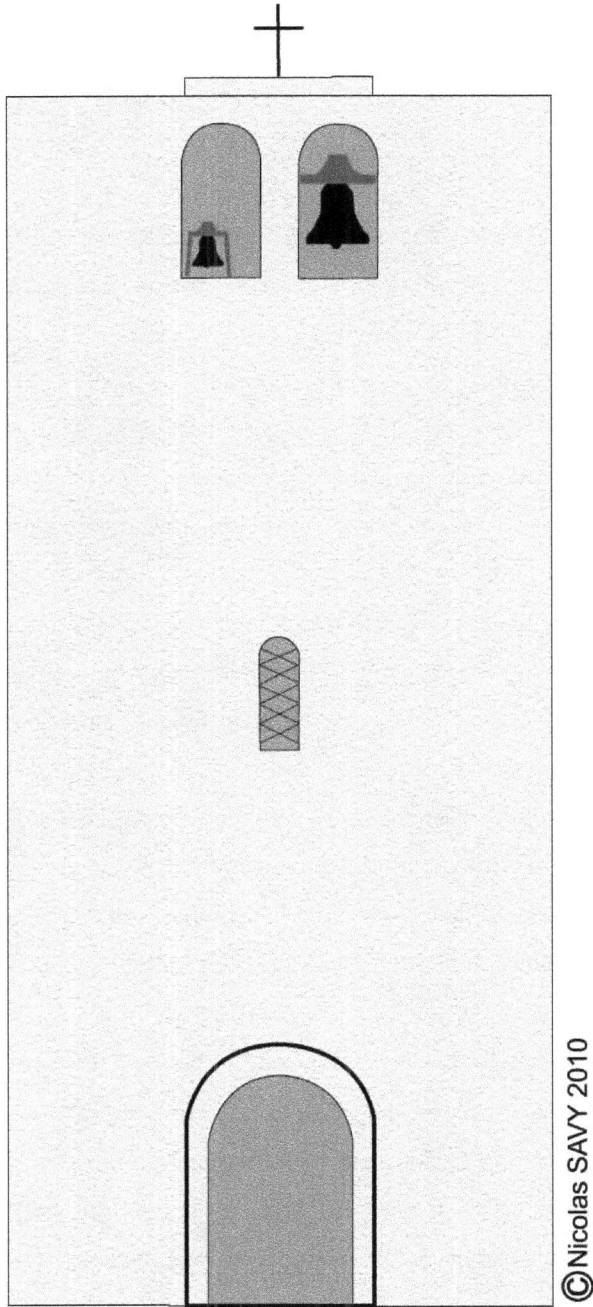

Figure 4. Vue de face de l'église. Essai de reconstitution pour l'époque médiévale.

Chapitre II

Le XIIIᵉ siècle

La période s'étendant du Xᵉ à la fin du XIIᵉ siècle est vide de documents concernant Pontcirq. Comme ailleurs, ce fut un temps d'essor économique et démographique où l'on assista à de grands défrichements, les terres cultivées s'étendant de plus en plus au détriment de la forêt afin de nourrir une population toujours plus nombreuse. Le toponyme de la commune voisine de Lherm témoigne encore de cette période : l'*herm* – c'est-à-dire la friche ou la lande – originelle ayant ensuite été défrichée et mise en valeur jusqu'à devenir une petite localité.

Ces défrichements massifs furent certes permis par le nombre toujours plus grand des hommes, mais aussi par les seigneurs qui convertirent en argent les corvées que leur devaient les paysans, leur libérant ainsi du temps pour travailler les nouvelles terres.

Les paysans représentaient alors 90 % de la population et, bien qu'affranchis de certaines servitudes, ils devaient néanmoins s'acquitter d'impôts comme le « quart », c'est à dire la quatrième gerbe, qui disparut cependant assez rapidement, ainsi que la « vestizo » qui consistait en quelques deniers, du pain ou un petit animal.

C'est à cette époque que furent édifiés les repaires fortifiés dont il reste des vestiges sur la commune, bien qu'en l'état actuel des choses il soit impossible de déterminer s'ils ont été bâtis sur des structures antérieures.

Le XIIIᵉ siècle, s'il marqua l'apogée de cette période d'essor, commença néanmoins avec une guerre particulièrement terrible : la croisade contre les Albigeois. Aussi appelés Cathares, ces hérétiques manichéens remettaient en cause l'orthodoxie catholique et, devant l'ampleur de leur mouvement qui touchait toutes les catégories sociales, le pape Innocent III décida d'organiser une croisade pour les combattre : les croisés, principalement originaires de la partie nord de la France actuelle, s'abattirent sur les comtés méridionaux pour en extraire l'hérésie et s'enrichir du pillage par la même occasion. Cette guerre dura, avec une intensité variable suivant les périodes et les régions, de 1209 à 1244.

Les hérétiques étant particulièrement nombreux dans la province, celle-ci fut logiquement touchée par le conflit et ses débordements mais, comme le remarquait Jean Lartigaut, des pans entiers du Quercy furent épargnés : les laboureurs labourèrent, les marchands et les banquiers spéculèrent comme auparavant. L'évêque de Cahors fut en 1209 parmi les premiers à se croiser et à attaquer son suzerain, le comte de Toulouse, dont les possessions étaient la cible des visées croisées ; ce faisant, il mit quelque peu ses propres territoires à l'abri tout en s'émancipant de son seigneur. Le prélat profita d'ailleurs de la situation sur d'autres points car les confiscations de biens de seigneurs hérétiques prononcées par l'Inquisition lui permirent, avant 1227, de se rendre maître de Luzech ; il ne fait nul doute que ces changements eurent d'importantes conséquences à Pontcirq, car une grande partie des fiefs de la paroisse dépendaient de la baronnie de Luzech. Parmi ces bouleversements, l'un des plus importants fut certainement la perte du domaine aujourd'hui connu sous le nom de Labastide-Floyras par la famille de Pestillac, dépossédée pour être restée fidèle au comte de Toulouse, et son attribution par l'évêque aux Floyras, qui faisaient partie de ses familiers.

Le XIIIe siècle est aussi l'époque où l'histoire de Pontcirq sort progressivement du brouillard qui enveloppe les périodes précédentes. Les documents sont plus nombreux, les vestiges archéologiques aussi : on voit ainsi se dessiner sur son territoire paroissial encore flou plusieurs seigneuries avec leurs relations politiques et commerciales.

Les seigneuries.

Il faut attendre 1250 pour que les documents permettent de dresser un état des seigneuries. D'emblée, deux grandes zones d'influence apparaissent, avec d'un côté les possessions dépendantes de la baronnie de Luzech et de l'autre celles de la seigneurie de Mechmond. Les premières étaient centrées autour des repaires du Cluzel et de Tourniac, ainsi que du village de Rostassac, tandis que les secondes étaient représentées par les appartenances du repaire de Floyras, aujourd'hui appelé Labastide-Floyras, qui formaient comme une enclave au sein des dépendances luzéchoises.

Le Cluzel, Rostassac et Tourniac.

La principale seigneurie avait son siège au Cluzel, avec son petit fort installé sur une position favorable et autour duquel une petite agglomération s'était développée. Les appartenances de cette seigneurie comprenaient notamment Tourniac et Rostassac. En 1280, cet ensemble appartenait à la famille Delpueg dont le chef, prénommé Pons, faisait hommage à l'évêque de Cahors pour ses fiefs situés à Bélaye, Luzech, le Cluzel et Tourniac, ce qui nous renseigne bien sur l'étendue de son patrimoine.

Le pouvoir judiciaire dont Pons Delpueg disposait au Cluzel était relativement limité, car il ne pouvait infliger d'amendes d'un montant supérieur à 60 sous caorcins[7]. Dans ce cadre, il disposait cependant d'un éventail de sanctions assez large : parmi les individus qu'il condamna, on note deux voleurs dont l'un dut courir à travers le Cluzel avec une gerbe attachée sur le dos, tandis que l'autre, probablement récidiviste, fut amputé d'une oreille et banni.

---

[7] La livre d'argent (409 gr. Env.) était divisée en 20 sous et chaque sous était divisé en 12 deniers. En dehors du roi, certains seigneurs avaient le droit de battre monnaie, ce qui était le cas de l'évêque de Cahors, dont la monnaie était appelée monnaie *caorcine*.

Pons Delpueg eut trois enfants : Hélène, Bernard et Pons. Suite à divers délits dont nous ignorons la nature, ses biens et ceux de ses fils furent saisis par la justice royale puis vendus aux enchères à Isarn, seigneur de Luzech. Il semble cependant que sa fille put s'opposer à cette transaction et parvint à préserver l'héritage à son profit. En effet, c'est finalement à elle que revinrent les trois seigneuries du Cluzel, de Tourniac et de Rostassac, tandis que ses frères ne semblent pas avoir hérité de quoi que ce soit, au moins dans la paroisse.

Figure 5. Vue aérienne du Cluzel.
(Le cercle indique l'emplacement de l'ancien château)

Hélène fut mariée avec un certain Bertrand de Roussilhon, chevalier de son état, à qui elle donna cinq garçons : Guilhamon, Arnal, Fulcon, Pons et Raymond. A la mort de son époux, qui survint avant 1311, quatre de ses fils devinrent co-seigneurs des trois seigneuries.

Isarn de Luzech ne se laissa pas facilement flouer de la belle affaire qu'il avait cru faire quelques années plus tôt en achetant les biens de Pons Delpueg : en 1311, il était toujours en procès contre Hélène et la procédure impliquait désormais les quatre fils de la dame, dont Guilhamon en particulier ; qualifié de chevalier, celui-ci avait hérité de la plus grande partie du domaine.

Soucieux de se débarrasser de la suzeraineté encombrante des Luzech, les frères Roussilhon et leur mère ne souhaitaient dépendre que du roi, seigneur dont l'éloignement et la puissance garantissait d'une part une certaine liberté d'action et, d'autre part, une protection vis-à-vis des grands seigneurs locaux. Ces derniers, à l'image des barons de Luzech, résistaient d'autant plus à leurs vassaux que leurs tentatives d'émancipation étaient monnaie courante.

Isarn de Luzech obtint de la justice royale la saisie des biens en cause. Guilhamon de Roussilhon fit appel de cette décision et réussit, en août 1312, à faire en sorte que le domaine familial soit placé sous la sauvegarde du roi en attendant la fin des procédures. L'affaire se poursuivit ensuite mais sans grands résultats car, six ans plus tard, les Roussilhon étaient toujours en possession de leurs fiefs.

En 1318, le bayle royal de Cahors vint enfin enquêter sur place pour déterminer les droits d'Hélène Delpueg et de ses fils. Il se rendit d'abord à Rostassac, où il interrogea dix-sept habitants. Le compte-rendu de ces interrogatoires nous apprend que le village comptait un bayle, des sergents et un juge qui rendaient et faisaient respecter la justice au nom des seigneurs du Cluzel. Certains témoins précisèrent cependant que pendant la période récente durant laquelle le lieu avait été placé sous la sauvegarde royale, c'était le sergent du roi Etienne Viguier qui avait eu la justice en charge ; durant son mandat, il avait notamment condamné une femme à courir à travers le village en portant autour du cou la paire de souliers qu'elle avait volé.

Quittant les rives du Vert, le bayle royal monta ensuite enquêter au Cluzel. Là-haut, on lui décrivit une situation des droits de justice similaire à celle de Rostassac ; il lui apparut de plus, fait nouveau, que l'évêque n'avait absolument aucun droit sur les lieux en question. Avant de repartir, probablement convaincu du bon droit d'Hélène Delpueg et de ses fils, il ordonna aux habitants de n'obéir qu'à eux, à l'exclusion de tout autre seigneur. Quelques mois plus tard, le sénéchal de Périgord et de Quercy officialisa la possession de ces biens par les Roussilhon.

Isarn de Luzech n'était pas décidé à perdre sa suzeraineté et ses droits sur les seigneuries pontcirquoises. Il revint à la charge quelques temps plus tard mais, cette fois-ci, jugea plus opportun de s'affranchir des lenteurs judiciaires en employant la manière forte : à la tête de 120 hommes armés, il vint en septembre 1321 à Rostassac commettre d'importants dégâts sur les biens des Roussilhon, et notamment sur les moulins et les paissières, pourtant toujours placés sous la sauvegarde du roi. Cette entreprise fut semble-t-il sans conséquences et l'affaire en resta finalement là.

Les démêlées judiciaires des Roussilhon n'étaient cependant pas terminées car, toujours soucieux de s'émanciper de leurs différents suzerains, ils s'opposèrent à l'évêque de Cahors à partir de 1336. Guilhamon de Roussilhon, décédé entre-temps, avait été remplacé par son frère Pons à la tête de la famille. Celui-ci affirmait tenir du roi et sans intermédiaire les seigneuries du Cluzel, de Tourniac et de Rostassac, le premier de ces lieux étant appelé *Cusello Rossilhones* (le Cluzel des Roussilhon). L'évêque, qui y revendiquait certains droits, ne l'entendait naturellement pas ainsi : pour bien marquer son autorité sur les territoires contestés, il ordonna à son bayle de Luzech d'aller tenir des assises judiciaires à Rostassac, tâche dont l'officier s'acquitta sous la protection de quarante hommes armés. Au procès qui suivit, le procureur de l'évêque justifia ces actions en invoquant le fait que les lieux sujets du litige étaient dans la baronnie de Luzech depuis une trentaine d'années.

L'affaire était toujours en cours en 1341 et les pièces de la procédure nous permettent de voir que les Roussilhon possédaient, outre leurs seigneuries pontcirquoises, trois mas dont l'un était situé à Caillac, l'autre à Pradines et enfin le dernier, avec une borderie, à Espère. Un document de 1343 nous apprend que Pons, suite au décès de Guilhamon et à l'héritage des parts d'un autre de ses frères décédé lui aussi, était devenu seigneur de la totalité du Cluzel et de Tourniac. C'est lui qui dut payer tous les frais du procès avec l'évêque. En 1344, un compromis négocié deux ans plus tôt fut avalisé par le parlement de Paris, ce qui permit au sénéchal de Périgord et de Quercy de faire libérer Macfred de Lhospital, un homme de Pons de Roussilhon qui avait été emprisonné par les officiers de l'évêque durant le procès.

Pons de Roussilhon n'était cependant pas à un procès près et avait semble-t-il des amis peu recommandables : la même année, il fut condamné aux assises du Mont-de-Domme pour avoir protégé de la justice royale trois individus qui s'étaient introduits dans le prieuré des Arques afin d'y commettre un meurtre.

En dehors des informations contenues dans les pièces des affaires évoquées ci-dessus, on ne sait que peu de choses sur les frères Roussilhon. L'aîné, Guilhamon, était qualifié de chevalier, tout comme plus tard son frère Pons ; celui-ci fut un temps admis en Avignon à la cour du pape cadurcien Jean XXII et épousa Sicarde de Concotz, fille d'un chevalier de Lalbenque.

Arnal, lui aussi chevalier, fut en particulier co-seigneur du Cluzel. Il se fit remarquer en agressant pour une raison inconnue l'archidiacre de Tornes, prieur de Puylagarde, et fut pour cela condamné à 200 livres d'amendes en 1336. Il ne paya jamais la somme, et ce bien que l'affaire ait en 1345 été portée devant le parlement de Paris : en 1358, le trésorier royal de Cahors essayait encore d'en obtenir le paiement auprès de ses héritiers…

Quant à Fulcon, il n'est mentionné qu'à quelques rares reprises, tandis que Raymond est noté en 1346 comme étant recteur de Pontcirq et de Durfort, et de chanoine de Brueyhs[8]. Il habitait alors le château paternel du Cluzel.

L'héritier de Pons de Roussilhon fut un prénommé Esteve, peut-être son neveu. Il recueillit un patrimoine très amoindri par les procès à répétition menés par la génération qui l'avait précédé : certaines de ses rentes sises à Pontcirq, Tourniac, Labastide-du-Vert et Lherm furent saisies en 1363 pour payer une partie des dettes familiales. A cette époque, il n'habitait déjà plus la paroisse et faisait sa résidence ordinaire à Brouelle. Il mourut avant l'année suivante et ses deux héritiers, Vital d'Auriole et Pierre de Ruppe, finirent de disperser le patrimoine des Roussilhon en s'acquittant définitivement des énormes créances de la famille : en 1366, à peine en possession de leur héritage, ils entrèrent en procès avec Hugues de Concotz, neveu de l'épouse de Pons de Roussilhon,

---

[8] Nous n'avons pu identifier le lieu dont il est question.

qui leur réclamait 308 livres tournois de la dot de sa tante ; ils avaient aussi affaire à d'autres créanciers parmi lesquels était Bernard de Floyras, certainement de la famille des seigneurs de Labastide-Floyras, ainsi qu'un certain Michel Casanova, chevalier de son état ; tous réclamaient le paiement des dettes des frères Roussilhon.

Figure 6. Le repaire de Tourniac vu depuis le Sud.

Hugues de Concotz parvint à faire vendre aux enchères le Cluzel, Tourniac, Rostassac et Pontcirq, avec toutes leurs maisons, terres, vignes, droits de justice, impôts divers, etc. C'est un certain Guillaume de Ruppe, seigneur de Rinhac, qui s'en rendit acquéreur pour 1 200 livres d'Aquitaine, mais il ne les garda que peu de temps car il les vendit le 18 juillet 1367 à Bernard de Pélegry. Celui-ci les légua au collège Pélegry[9] de Cahors, certainement à la demande de son oncle, Hugues Pélegry, fondateur de l'établissement.

---

[9] Le collège Pelegry était l'un des collèges de l'université de Cahors. Un collège était destiné à accueillir des étudiants pauvres et à leur permettre de poursuivre leurs études.

Figure 7. Vue aérienne de Tourniac.
(Le cercle indique l'emplacement de l'ancien château)

Il ne reste aujourd'hui plus grand chose du repaire du Cluzel : on devine plus qu'on ne voit le pourtour de son enceinte, tandis que les vestiges des bâtiments seigneuriaux, intégrés aux reconstructions successives, se résument à deux ou trois pans de murs et à une arcade, le tout datant vraisemblablement du XIIIe siècle.   Sur le plan défensif, le choix de l'emplacement s'explique aisément : le repaire a été installé au sommet de la colline du Cluzel, là où elle est la plus étroite et ses flancs les plus abrupts. Nonobstant la présence de minerai de fer dans les alentours, on note que ce site jouxtait une large combe de bonnes terres qui, descendant en direction du sud-est, joignait la vallée menant à Rostassac, elle aussi relativement bien pourvue en terres arables, tout comme, au nord-ouest du repaire, la zone située dans le triangle formé par la D. 50, entre les côtes 264 et 228, et la côte 251. Autre avantage, un point d'eau existait à proximité.

Les vestiges du repaire de Tourniac sont un peu plus substantiels que ceux du Cluzel : on peut en effet encore y voir un corps de bâtiment du XIIIe siècle percé de plusieurs ouvertures caractéristiques de l'époque. Comme au Cluzel, nonobstant la présence de minerai de fer dans les environs, on s'aperçoit que le

---

Ces établissements possédaient un patrimoine immobilier dont ils tiraient des revenus destinés à permettre leur fonctionnement.

site choisi était favorable sur les plans défensif et agricole, car le repaire est installé sur une éminence, certes modeste, mais entourée de combes et de vallées sèches dont les fonds sont souvent favorables aux cultures.

Floyras.

Le repaire de Floyras devait son nom à ses premiers seigneurs directs connus après les Pestillac, les frères Pierre et Arnaud de Floyras, ou à leurs ancêtres. Ceux-ci, mentionnés à Bélaye depuis 1230 et vassaux de l'évêque de Cahors, entrèrent progressivement dans la clientèle des Béral, une famille de marchands cadurciens qui accéda à la noblesse : en 1304, il y avait trois Floyras dans la troupe que mena Hugues Béral aux armées du roi de France pour la guerre des Flandres. Ils étaient aussi liés avec une autre famille de marchands devenus nobles, les de Jean : en 1326-1328, le clerc Hugues de Floyras était un familier de Gaucelme de Jean, fondateur du couvent des Junies.

En tant que seigneurs du territoire qui allait porter leur nom, les Floyras dépendirent d'abord du seigneur de Mechmond, Guillaume de Pestillac, qui en 1259 fit hommage au comte de Toulouse, Alphonse de Poitiers. Il semble qu'ensuite les grandes dominations locales se soient disputées la suzeraineté du lieu ; en effet, une vingtaine d'années plus tard, il est clairement établi que la seigneurie relevait pour une moitié de l'évêque de Cahors et pour l'autre des barons de Luzech, leurs rivaux.

Les Floyras faisaient plutôt partie de la clientèle de l'évêque. Bien que modestes, ils possédaient aussi des biens dans la châtellenie de Bélaye et s'étaient alliés avec beaucoup de familles nobles de la région : entre 1374 et 1378, on trouvait rien qu'à Luzech une certaine Armande de Floyras, épouse de noble Gaillard Bénech, ainsi qu'une dénommée Guilhelma de Floyras, veuve de noble Garin del Truffe.

La seigneurie des Floyras débordait largement les limites de la commune actuelle, s'étalant largement vers le sud et l'est sur le territoire de Saint-Médard, de la Font Polémie jusqu'au terroir appelé « L'Eglise de Lagard ».

Labastide-Floyras finit par quitter les mains de la famille Floyras et passa dans celles des Commarque puis, par un biais inconnu, dans celles des Soyris avant 1390 : Jeanne de Soyris, femme d'un sergent du pape nommé Hugues de La Bardonia, fit hommage pour Labastide-Floyras et ses biens de Canourgues le 30 décembre 1390.

Installé sur l'éminence de la côte 308, le château de Labastide-Floyras domine totalement les environs. Il en subsiste encore un beau corps de logis de la fin du XIIIᵉ siècle, mesurant 19 mètres de long sur environ 9,5 de large et s'élevant à une quinzaine de mètres de haut. Les murs extérieurs de la partie basse sont somme toute assez peu épais, avec un mètre quarante d'épaisseur ; cette partie est séparée en deux pièces, dont l'une, mesurant 9 mètres par 6,5, est entièrement voûtée et éclairée par deux fenêtres faisant office de meurtrières. Ce corps de logis était entouré d'un fossé et d'une muraille, et l'on entrait à l'intérieur de ce périmètre par une porte fortifiée, munie d'un pont-levis et de mâchicoulis ; ce qui restait de cette enceinte fut détruit après 1832. Dans un champ voisin, on a découvert les traces d'une forge et, au milieu de celles-ci, des fers de flèches, un soc de charrue rudimentaire et une paire d'éperons dont le piquant faisait dix centimètres de long.

Selon Jean Lartigaut, une tentative de peuplement fut faite en ce lieu aux alentours de 1300 par la création d'une modeste bastide. Elle échoua mais dura suffisamment longtemps pour qu'un changement toponymique se fasse, le « repaire de Floyras » devenant « la Bastide-Floyras », nom attesté en 1312. Fait concordant, l'abbé Rivière, dans un livre paroissial écrit en 1900 alors qu'il était déjà ancien dans la commune, indiquait que, « de son temps », il y avait été découvert les fondements d'anciennes maisons « formant rue ».

Le célèbre jurisconsulte cadurcien Géraud de Sabanac, qui disposait de nombreuses rentes dans la région de Catus-Thédirac-Salvezou, en possédait quelques-unes à « *la bastida de Floyras* » en 1312 : leur acquisition s'était peut-être placée dans le cadre de l'entreprise de peuplement. Dans tous les cas, l'ensemble de ces éléments et d'autres de la même veine faisaient dire à Jean Lartigaut qu'il lui était difficile d'admettre que le changement de dénomination, avec la disparition du terme « repaire » et l'usage nouveau de celui de « bastide », ne correspondait pas à une situation nouvelle sur le terrain.

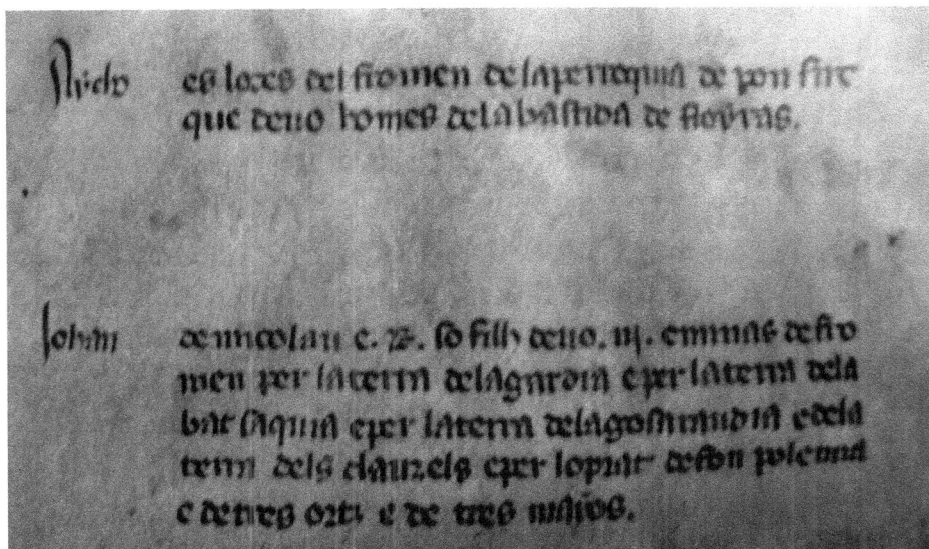

Figure 8. Page du terrier de Géraud de Sabanac concernant Pontcirq

Transcription et traduction du document (année 1312)
(Archives Municipales de Cahors, fonds Greil, n°125, f°XIX r°).

Aycho   es lo ces del fromen de la perroquia de Ponsirc
    que teno homes de la bastida de Floyras.

Johan   de Nicolau e B. so filh teno III eminas de fro
    -men per la terra de Lagardia e per la terra de la
    Batsaquia e per la terra de la Gosataudia e de la
    terra dels Clauzels e per lo prat de fon Polemia
    e de tres ortz e de tres maios.

Ceci   est le cens du froment de la paroisse de Pontcirq
    que tiennent des hommes de la bastide de Floyras.

Johan   de Nicolau et B. son fils tiennent 3 éminées de fro
    -ment pour la terre de Lagardia et pour la terre de la
    Batsaquia et pour la terre de la Gosataudia et de la
    terre des Clauzels et pour le pré de Font Polémie
    et de trois jardins et de trois maisons.

Le réseau seigneurial de la paroisse.

Les différentes familles seigneuriales étaient souvent liées à plusieurs niveaux. La plupart d'entre elles faisaient partie de la clientèle de l'évêque de Cahors et, pour certaines, se retrouvèrent dans l'entourage du pape cadurcien Jean XXII (1316-1334). Pons de Roussilhon, du Cluzel, fut ainsi admis à la cour pontificale avec certains membres de la famille de Commarque ; celle-ci avait pris en main la seigneurie de la Bastide-Floyras vers la fin du XIIIe siècle, par le mariage de Bertrand de Commarque avec Gaillarde de Floyras, et était naturellement entrée dans la clientèle de l'évêque de Cahors, suzerain du lieu. S'intégrant aux réseaux locaux, ses membres participèrent activement à la vie politique et étendirent leur influence dans le pays, à l'exemple d'Arnaud de Commarque : ancien huissier du pape Jean XXII et seigneur de Montcléra, il fut en 1336 témoin d'une cérémonie qui se déroula au repaire du Cluzel et durant laquelle Raymond-Bernard de Boissières, seigneur de Boissières et de Calamane, fit hommage à l'évêque de Cahors.

Une famille originaire du Cluzel portait le nom de ce hameau. Le premier représentant que nous avons trouvé est cependant sujet à caution : il s'agit d'un chanoine cadurcien, Guillaume du Cluzel, qui s'occupa de diverses affaires entre l'évêché de Cahors et le comte Alphonse de Poitiers en 1269 ; Auguste Molinier, le professeur de l'Ecole des Chartes qui publia la correspondance du comte de Toulouse dans laquelle il est mentionné, plaçait « peut-être » son origine au Cluzel de Pontcirq. La nuance de cette formulation est la bienvenue, car il existe six hameaux portant le même nom pour le seul département du Lot et de nombreux autres dans les départements limitrophes : six en Aveyron, un en Corrèze, sept en Dordogne, un dans le Lot-et-Garonne et un autre dans le Tarn-et-Garonne[10]. Sans autres éléments plus probants, il convient donc d'être

---

[10] Données IGN. Les hameaux portant le nom du « Cluzels » sont présents dans toute la partie sud de la France : trois dans l'Allier, deux dans la Loire, sept en Haute-Loire, deux dans le Puy-de-Domme, quatre dans le Tarn et deux dans le Vaucluse.

prudent avant de situer de berceau de la famille du chanoine Guillaume du Cluzel à Pontcirq, bien que ce soit tout à fait possible.

Les « du Cluzel » dont l'origine pontcirquoise est indiscutable apparaissent plus clairement durant le XIVᵉ siècle. Ils étaient liés à la famille de Jean, des Junies : le cardinal de Jean, évêque d'Albiano dans le nord de l'Italie, fit en 1330 attribuer un canonicat de Carcassonne à un certain Jean du Cluzel, qui fut plus tard procureur de l'évêque de Viterbe, en Italie centrale. On trouve d'ailleurs un certain nombre de religieux portant le nom du Cluzel, mais il n'est pas certain qu'ils aient tous été rattachés au groupe qui nous intéresse : un certain Géraud du Cluzel était en 1331 recteur de Parnac et de Cels, et fut peut-être ensuite, vers 1345, chapelain de la collégiale de Roquemaure, dans l'actuel département du Gard. Un dénommé Pons du Cluzel, bachelier en droit canon, obtint en 1353 une expectative[11] du cardinal des Prez ; s'il ne s'agit pas d'un homonyme, on le retrouve treize ans plus tard au repaire dont il portait le nom, témoin de la lecture d'un mandement du juge de Cahors. En 1367 enfin, un Jean du Cluzel est attesté comme faisant partie des tenanciers de la seigneurie.

Alliés à leurs voisins, les de Jean des Junies, certains membres de la famille du Cluzel les appuyèrent dans leur lutte continuelle contre l'évêque de Cahors. Un dénommé Philippe du Cluzel s'engagea ainsi à leurs côtés dans un des procès qui les opposa au prélat mais, surtout, suivit Philippe de Jean lorsqu'il prit le parti du roi d'Angleterre, au début de la guerre de Cent Ans ; Philippe de Jean n'avait pas de relations particulières avec Edouard III, mais il comptait sur les événements pour régler ses comptes avec l'évêque, qui restait fidèle au roi de France. Philippe du Cluzel et son frère Isarn participèrent ainsi, en 1355, à la prise de Goujounac sous les ordres de Benoît, le fils aîné de Philippe de Jean qui, comme lui, se battait pour les Anglais.

---

[11] Lettre du pape qui donnait à son destinataire l'assurance d'un bénéfice lors d'une vacance. Bénéfice : ensemble de biens destinés à financer un office ecclésiastique ; le bénéfice ecclésiastique permet ainsi aux titulaires de charges d'Église de vivre et d'agir.

Figure 9. Jean XXII, pape de 1316 à 1334.

Pierre du Cluzel fut sans doute le membre le plus éminent de sa famille. Il rentra dans l'ordre des Frères Prêcheurs et fit une carrière ecclésiastique remarquable : nommé en 1346 au siège épiscopal de Chioggia, près de Venise, il fut investit l'année suivante de celui de Melfi, dans le sud de l'Italie ; il n'y resta que quelques mois avant de remonter dans le nord du pays pour prendre les fonctions d'évêque de Concordia, vers la fin mai 1348. Il avait alors dans son entourage de nombreux compatriotes proches du cardinal de Jean, de la famille des Junies, parmi lesquels se trouvait notamment Gaston de Pestilhac. Pierre du Cluzel mourut en 1360.

A côté des « grandes » seigneuries pontcirquoises que nous venons d'évoquer, tenues par les Delpueg puis les Roussilhon pour les unes, et les Floyras puis les Comarque pour l'autre, il convient d'évoquer quelques nobliaux qui, originaires ou non de la paroisse, n'y étaient que faiblement possessionnés, ainsi que la petite vassalité des principaux seigneurs.

Il n'est nulle part mentionné que Raymond de Tourniac était noble mais, comme il fut témoin de l'acte par lequel Guillaume de Roussilhon, co-seigneur du Cluzel, de Tourniac et Rostassac, s'opposa à son suzerain Isarn de Luzech, il est très probable qu'il l'ait été ; il possédait une terre à Tourniac, « *à proximité du chemin allant de la bastide de Floyras à Cazals* », ce qui en faisait certainement un vassal des Roussilhon. Raymond de Laginebra tenait aussi en fief de ces derniers trois pièces de terres dans la région de Tourniac, tout comme P. de Laporta qui en tenait une à côté de celle de Raymond de Tourniac. Quant à Galhart de Lézergas, qui en 1325 possédait aussi une terre du côté de Tourniac, il était qualifié de chevalier. A Rostassac, Jean Lartigaut avait relevé la présence de Bernard de Probolès et de Pierre de Probolène, mais il n'avait pu établir de lien entre eux et la famille Probolène dont furent issus plusieurs trésoriers royaux de la sénéchaussée de Périgord et de Quercy.

Une grande partie de ces petites familles nobles devaient avoir du mal à maintenir leur état, et leur niveau de richesse ne devait que de bien peu dépasser celui des paysans les plus aisés de la paroisse ; avec le temps et les découpages successoraux, sans compter les autres difficultés, elles passèrent progressivement de l'état noble à l'état paysan.

Enfin, dernière précision sur les châteaux pontcirquois que, comme dans beaucoup de villages en France, les anciens pensaient tous reliés par des souterrains : de Labastide-Floyras à Labastidette-Basse, de Labastide-Floyras au repaire du Cluzel, etc. Il ne s'agissait bien sûr que de légendes nées, comme le disait Jean Lartigaut, de la puissance du rêve et de l'imagination.

La vie agricole.

Les documents concernant la vie agricole de cette époque sont peu nombreux, mais ils permettent néanmoins de dresser un état général. Les travailleurs de la terre, qui représentaient alors la partie la plus nombreuse de la population, étaient pour la plupart des hommes libres et des emphytéotes, bien qu'il ait subsisté ici et là quelques îlots de servitudes, à Puy-l'Evêque et à Bélaye notamment. Ils vivaient habituellement dans des maisons sans dépendances ; en effet, contrairement à aujourd'hui où le matériel agricole est de plus en plus imposant et nécessite d'importants hangars de stockage, l'outillage du modeste paysan quercinois vivant à la charnière des XIIIe et XIVe siècles était assez restreint : ses quelques outils rentraient aisément, avec la chèvre, la brebis ou le cochon et les poules dans la partie de la maison servant d'étable, une autre pièce abritant le logement de la famille. Au village de Pontcirq, une mention de 1299 nous indique que la maison paysanne pouvait comporter un étage, qui servait de logement, tandis que les bêtes vivaient au rez-de-chaussée.

Figure 10. La Font Polémie.
(La source jaillit sous les arbres, côté gauche de la photo)

Les plus aisés, qui possédaient des outils plus volumineux, comme les araires, disposaient parfois d'un appentis pour les entreposer ; on le trouvait le plus souvent accolé à la maison. Comme ailleurs en Quercy, l'animal de travail le plus courant devait être l'âne, chez ceux qui toutefois avaient les moyens d'acheter une telle bête de somme.

Les terres agricoles étaient classées en quatre catégories : il y avait tout d'abord les « *terras* », les terres, mot qui désignait les parcelles vouées aux labours et à la production de céréales ; venaient ensuite les « *prats* », les prés pour le pâturage, les « *vinhas* », les vignes, et enfin les « *orts* », les jardins destinés aux petites cultures maraîchères. A ces quatre catégories il faut ajouter celle des terres non cultivées comme les bois ou les landes dues aux terrains trop rocailleux ou trop pentus.

Les documents concernant exclusivement la paroisse pontciquoise ne nous indiquent pas grand-chose sur ce qui y était cultivé, si ce n'est la vigne, le froment et l'avoine, cultures de base très communes pour l'époque. En revanche le terrier du riche Cadurcien Géraud de Sabanac, sorte de registre où étaient consignées les rentes qui lui étaient dues dans la région, est beaucoup plus prolixe en détails. Certes, il ne contient qu'un quart de page consacré à Pontcirq mais, renfermant la liste de nombreux droits détenus dans les paroisses voisines, il nous renseigne correctement sur tout ce que les activités de la terre pouvaient produire sur le territoire pontcirquois au début du XIVe siècle. Hormis le froment, qui était la céréale la plus cultivée, l'avoine et la vigne citées plus haut, on y trouvait du seigle, de l'orge et du méteil[12] ; dans les jardins poussaient des fèves, des pois et d'autres légumineuses, tandis que dans les basses-cours vivaient essentiellement des poules.

Le terrier fait état d'un élevage, relativement modeste certainement, mais que l'on peut mettre en rapport avec les prés cités plus haut. C'est dans cette zone, à une quinzaine de kilomètres à vol d'oiseau de Cahors, que l'on trouvait habituellement les activités pastorales financées par de riches cadurciens, aussi l'implication de Géraud de Sabanac dans cet espace et dans ce secteur d'activité correspondait à une chose normale. L'élevage se pratiquait alors par

---

[12] Mélange de blé et d'avoine.

contrat entre un bailleur de fonds et un éleveur : le premier achetait les animaux que le second engraissait puis, une fois le bétail vendu, les deux parties se partageaient les bénéfices de la transaction. Le cheptel et les activités pastorales d'autres terroirs quercinois sont bien connues et il est probable que les animaux que l'on y trouvaient étaient les mêmes que ceux élevés sur les pâtures pontcirquoises : on devait tout d'abord trouver une grande majorité de chèvres et de moutons, derrière lesquels venaient les bovidés, puis les chevaux.

Quelles que soient ses activités, chaque tenancier payait le cens[13] et l'acapte[14] à son seigneur pour les biens immobiliers qu'il tenait de lui. Le cens se payait le plus souvent en nature et parfois en argent, tandis que l'acapte était uniquement réglée en argent. Le terrier de Géraud de Sabanac, si riche en informations sur la région de Catus, ne précise généralement pas à quelle étendue de terre correspondait le paiement de tel ou tel cens ou acapte, si bien qu'il est impossible d'établir des statistiques dans ce domaine. Il en va de même avec les redevances dues pour les habitations : dans la région de Saint-Denis-Catus, une femme seule, dénommée *na* Peyrona del Lhugat, habitait une maison dont le cens et l'acapte se montaient chacun à trois deniers ; Esteve Barrat payait moins pour la sienne, avec deux deniers de cens et un d'acapte, tandis qu'à côté d'eux P. Vinhola devait s'acquitter de sommes bien supérieures avec douze deniers de cens et autant d'acapte. La surface et l'état de l'édifice ne devaient pas être les seuls critères entrant en compte pour la détermination des valeurs des deux redevances, mais il ne fait nul doute que les plus pauvres devaient habiter de simples masures tandis que les plus aisés logeaient dans de véritables maisons.

Les documents en notre possession sont, bien entendu, trop peu nombreux et imprécis pour pouvoir dresser une carte concernant la répartition des terroirs et des cultures sur le territoire paroissial, et ce d'autant plus qu'ils font référence à des toponymes aujourd'hui disparus. On sait ainsi qu'en 1299, les dénommés

---

[13] Redevance foncière due au seigneur qui possède des titres sur la terre.
[14] Redevance perçue par le seigneur lors d'un achat.

Ramon et Bernarda de Prus vendirent à un certain Guilhem de Peironi une terre et une vigne à Rostassac ; elles étaient situées « en la côte Molinière »[15], où elles confrontaient la terre et le jardin des dits époux de Prus, ainsi que la vigne de la dénommée Geli de Ranas et celle de feu Bertrand Delpueg, qui était peut-être apparenté aux Delpueg, seigneurs du Cluzel, de Tourniac et de Rostassac.

Plus au nord, du côté de Tourniac mais certainement au-delà des limites de la commune actuelle, sur le terroir dit de *Salapisso* qui, nous dit-on, confrontait le chemin allant de Lherm vers *la Volpilhera*[16], on faisait en 1318 pousser du froment et de l'avoine ; il en allait de même avec une sétérée de terre, soit environ 4 000 m², qui confrontait le chemin menant de la Bastide-Floyras à Cazals. Johan de Micolau et son fils Bernat possédaient trois maisons et trois jardins à la Bastide-Floyras et cultivaient essentiellement du froment sur leurs terres ; celles-ci débordaient certainement les limites communales actuelles : ils avaient en effet une parcelle nommée la *terra* de Lagardia, à mettre en relation avec le toponyme « L'Eglise de Lagard », situé au nord de Saint-Médard, et mettaient leurs bêtes à la pâture sur le pré de la Font Polémie, lui aussi situé sur la commune de Saint-Médard. Ils utilisaient aussi les *terras* dites de la Batsaquia, de la Gosataudia et dels Clauzels, mais nous n'avons pu localiser ces toponymes.

La vie quotidienne à la veille de la guerre de Cent Ans.

Au début du XIVe siècle, les territoires relevant de la paroisse et des seigneuries pontcirquoises apparaissent comme bien plus étendus que ceux de la commune actuelle, débordant sur ses voisines de Lherm et de Saint-Médard. Aux quatre principales seigneuries, le Cluzel, Tourniac, Rostassac et la Bastide-Floyras, et au centre ecclésial correspondaient cinq villages où se concentrait la population ; on ne sait rien sur la zone où est aujourd'hui situé le hameau du

---

[15] Certainement sur l'actuel terroir de Trigodina.
[16] La Renardière en occitan.

Causse du Cluzel, car rien ne vient y attester d'une implantation humaine durant le Moyen-Age. Les trois repaires étaient des lieux marquants de la vie sociale, notamment les deux principaux, ceux du Cluzel et de Floyras où étaient fixés les pouvoirs seigneuriaux de la paroisse. C'était là que se traitaient les grandes affaires menées par les nobles et que les paysans venaient ester en justice et payer leurs impôts. Le repaire était un lieu bien connu de tous ceux qui en dépendaient car ils venaient régulièrement y faire leurs corvées, y monter le guet ou la garde et, en temps de guerre, s'y réfugier avec leur bétail sitôt qu'un danger s'avançait, menaçant.

Le hameau de Pontcirq ne donnait pas encore de véritable unité à cet ensemble dispersé. Siège de la paroisse, c'est là que l'on faisait baptiser les nouveaux-nés et enterrer les morts. L'église était aussi, avec le cimetière, l'endroit où se donnaient les rendez-vous d'affaires et où des fêtes étaient organisées ; plus simplement, c'est là que l'on se rencontrait et discutait.

Contrairement aux villages du Cluzel, de Tourniac et de la Bastide-Floyras, Pontcirq, tout comme Rostassac semble-t-il, ne disposait pas de repaire fortifié et rien n'indique l'existence d'une enceinte protégeant l'ensemble constitué par les quelques masures regroupées autour de l'église du XIIe siècle, mais ces postulats seront peut-être remis en cause par de nouvelles découvertes. Le sanctuaire, de style roman, était à nef unique et sans transept, avec une abside en cul de four et un clocher-mur ; il est toujours en place aujourd'hui, bien que fortement remanié. On ne sait pas combien de paroissiens il y avait au début du XIVe siècle, mais leur effectif devait certainement avoisiner les 450 personnes, soit à peu près autant qu'à la fin du XVIIIe siècle, époque où l'on sait que l'église était devenue beaucoup trop petite pour autant de monde ; il est ainsi probable que Guilhem Fabre, recteur en poste dans les années 1330, n'ait pas été le seul prêtre officiant dans la paroisse : d'autres lieux de cultes, avec des chapelles seigneuriales notamment, devaient exister dans les différents hameaux.

N'imaginons cependant pas les vies sociale et économique repliées sur elles-mêmes sans jamais sortir du cadre paroissial ou seigneurial. Les nobles devaient par exemple se rendre fréquemment à Luzech ou à Cahors pour y voir leurs suzerains, traiter d'affaires judiciaires ou financières, etc. Ils répondaient aussi aux convocations de leurs seigneurs pour joindre leurs armées ou l'Ost royal lors des convocations du ban : certains d'entre eux combattirent notamment aux côtés de Philippe IV le Bel en Flandres durant la campagne de 1304.

L'univers des paysans était certes plus restreint, mais ils avaient néanmoins de nombreuses occasions de parcourir la région alentour : ils fréquentaient les marchés de Castelfranc, Prayssac ou Cazals et allaient régulièrement jusqu'à Luzech pour officialiser leurs transactions auprès des notaires qui y officiaient. Ramon et Bernarda de Prus, lorsqu'ils vendirent une maison, une terre et une vigne à Guilhem de Peironi, le 8 juin 1299, choisirent par exemple de faire établir l'acte de vente par le Luzéchois Guilhem de Fagia ; les témoins mentionnés dans ce document, J. de Gautier, Mathio Textor et G. de Gojonac, étaient probablement des voisins qui les avaient accompagnés.

Johan de Micholau et son fils, de la Bastide-Floyras, devaient leurs redevances à un riche Cadurcien ; on ne sait si ce dernier envoyait des émissaires percevoir son dû ou s'il exigeait que ses tenanciers se déplacent à Cahors ou ailleurs ; il reste que les deux hommes devaient dans tous les cas se rendre dans la capitale quercinoise s'ils voulaient le rencontrer pour une raison quelconque.

Ce monde était cependant proche de sa fin. Durant l'été 1324, on rentra les récoltes comme à l'accoutumée et, le 1er août, on célébra joyeusement la fête du patron de la paroisse, Saint-Pierre-es-Liens, sans se soucier plus que de mesure des nouvelles qui parlaient du combat que se livraient Français et Anglais à Saint-Sardos, à quelques 66 kilomètres de là ; on ne se doutait pas que cet affrontement n'était qu'une petite répétition de la longue guerre qui allait bientôt se déchaîner sur la région.

Chapitre III

La guerre de Cent Ans

La première prise de Pontcirq.

Bien que les hostilités entre la France et l'Angleterre débutèrent franchement dès 1337, le Quercy ne fut touché qu'à partir de la fin août 1345, après la prise de Bergerac par les Anglais ; la bastide de Domme tomba peu après et fut bientôt suivie par le château de Belcastel. Les bandes anglaises, encore peu nombreuses, commencèrent à s'avancer ici et là dans la partie Ouest de la province. Deux seigneurs quercinois décidèrent alors de tirer profit du flou de la situation en se déclarant partisans du roi d'Angleterre dans le but de vider de vieilles querelles avec l'évêque de Cahors, fidèle à Philippe VI, et surtout de lui prendre le contrôle de la vallée de la Masse, de ses abords et de son débouché : il s'agissait d'une zone économique particulièrement intéressante car les hauteurs étaient riches en minerai de fer que l'on transformait directement dans les nombreuses moulines jalonnant le cours d'eau ; de plus, celui-ci joignait directement le Lot, axe commercial majeur de la région.

Les deux seigneurs en question étaient Bertrand de Pestillac, seigneur de Pestillac, et Philippe de Jean, seigneur de Salviac, des Junies, de Galessie et de Biars. En 1346, mettant leur plan à exécution, ils s'assurèrent des sorties de la vallée de la Masse en s'emparant de Castelfranc, Duravel et Belaye, et prirent le contrôle de ses abords dans les zones où le minerai abondait en prenant les Arques, Lherm et Pontcirq. Ils s'installèrent aussi à Cuzorn.

Le village de Pontcirq ne fut sans doute pas difficile à prendre, car il était dépourvu de véritables fortifications et n'était peut-être pas gardé. Il est même possible qu'il n'y ait pas eu de combats, Philippe de Jean et Bertrand de Pestillac ayant juste eu à venir installer une petite garnison dans l'église. Ce village était le seul de la paroisse à dépendre entièrement et directement de l'évêque, et donc le seul qu'il importait de s'assurer pour prendre le pas sur le prélat dans cette zone. En effet, les seigneurs du Cluzel, de Tourniac et de Rostassac avaient récemment été en procès avec le prélat : ils laissèrent certainement faire sans intervenir. Quant à l'un des suzerains des Floyras, le seigneur de Mechmond, il était, il est vrai, vassal de l'évêque, mais il n'en était pas moins un Pestillac apparenté à Bertrand de Pestillac et, comme tous ses semblables, un homme soucieux de se dégager un peu de la tutelle de son puissant suzerain : il est probable qu'il laissa agir son agité cousin, tant par solidarité familiale que dans son propre intérêt, et qu'il incita ses vassaux à ne pas bouger.

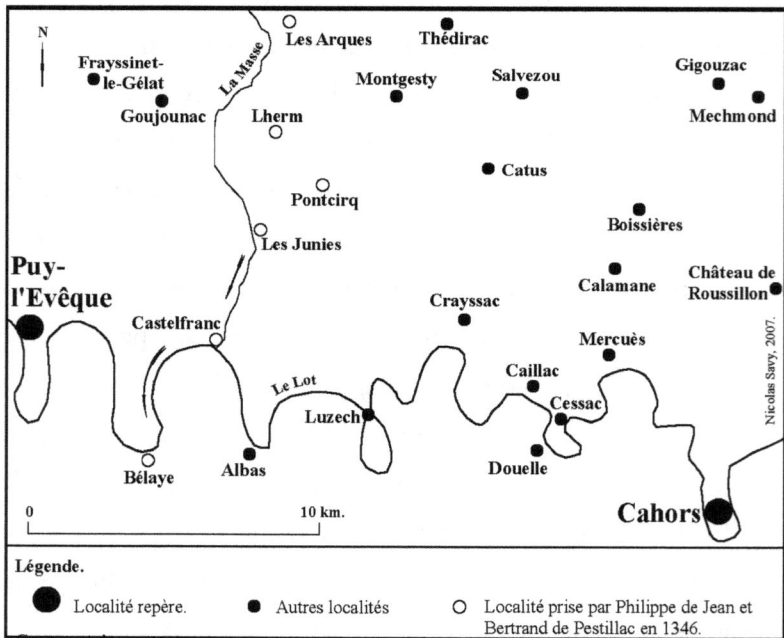

Carte 2. Localités prises par Philippe de Jean et Bertrand de Pestillac en 1346.

La guerre franco-anglaise ne fit ainsi que constituer l'arrière-plan de la prise de Pontcirq, qui ne fut en fait qu'un acte du conflit féodal opposant le plus puissant seigneur de la région à ses rivaux et vassaux en mal d'émancipation. Les effets de la guerre que se livraient les rois de France et d'Angleterre se conjuguèrent toutefois avec ceux de cet affrontement local : durant cette même année 1346, les deux nouveaux maîtres de Pontcirq s'allièrent avec les premières bandes anglaises présentes dans le secteur, et notamment celle qui s'était installée à Bovila, afin de pouvoir attaquer les places de l'évêque à une plus grande échelle ; ils réussirent ensuite à prendre le château de Péchaurié et firent de violentes incursions jusqu'aux portes de Cahors.

On ne sait pas exactement quand l'évêque de Cahors reprit le contrôle de Pontcirq, mais cela se passa probablement en 1348, année où, aidé par de nombreux nobles et les communes de la province, il réussit à reprendre Bélaye et les autres lieux indispensables à la protection d'Albas, centre névralgique de ses possessions temporelles. Les deux années où Pontcirq fut aux mains de Philippe de Jean, de Bertrand de Pestillac et de leurs alliés anglais furent certainement difficiles : les exactions qu'ils firent dans le voisinage, entre Puy-l'Evêque, Lherm, Goujounac, les Arques et Frayssinet-le-Gélat conduisirent plusieurs bourgeois cadurciens, qui y possédaient des bories, à les quitter pour se réfugier à Cahors.

Que la prise de Pontcirq par Philippe de Jean et Bertrand de Pestillac ait été un furieux combat ou une grosse bousculade n'est finalement qu'un détail anecdotique par rapport à ce que vécut toute la paroisse durant les mois qui suivirent. Elle marquait cependant un fait nouveau : au même titre que les trois autres repaires, l'église devint de fait une fortification dont le rôle défensif ne fit que s'accroître ensuite. Désormais, les habitants durent comme ailleurs y monter continuellement la garde pour prévenir toute nouvelle attaque des Anglo-Gascons, ceux-ci se faisant de plus en plus nombreux dans tout le Haut-Quercy.

Les malheurs des temps.

En 1348-49, l'Ouest quercinois resta la proie des compagnies ennemies installées à Cuzorn, Pestillac et, surtout, aux Junies ; elles opéraient des incursions jusque dans les environs de Gourdon et il ne fait aucun doute que le territoire pontcirquois eut à souffrir de ce voisinage. Les effets de cette guerre réduisirent fortement toutes les activités, car les divagations des routiers paralysèrent régulièrement les travaux des champs et rendirent les déplacements très risqués. Gare à celui qui était capturé par les Anglo-Gascons, car il devait alors leur payer une forte rançon pour sa libération. Tous les domaines économiques ruraux étaient touchés : les moulins étaient parfois détruits, tandis que les routiers volaient tout le bétail qui passait à leur portée. La guerre ne fut cependant pas le seul fléau contre lequel les Quercinois durent lutter, car la situation, déjà catastrophique, fut encore aggravée par des dérèglements climatiques et les épidémies de peste.

A partir de la fin du XIIIe siècle, les activités agricoles de la région eurent à subir les caprices du climat. Les périodes d'intenses précipitations devinrent fréquentes : en été, elles suffisaient à faire pourrir les récoltes sur pied, tandis qu'en hiver elles noyaient les semis, compromettant la moisson à venir. A l'opposé, et quelque peu paradoxalement, les sécheresses se firent aussi plus nombreuses ; leurs dégâts n'étaient pas moindres car ils provoquaient des famines tout aussi cruelles. Ces crises accroissaient nettement la mortalité des zones qu'elles touchaient et affaiblissaient les individus qui y survivaient.

Des pluies diluviennes s'abattirent sur le Quercy dès l'hiver 1282, durant lequel elles gonflèrent le Lot au point de le faire déborder sur les deux rives, l'eau montant à Cahors jusque dans la rue Grande[17] et au-dessus du port Bullier. En 1310, le printemps et l'été furent si pluvieux que toutes les récoltes pourrirent, occasionnant une famine dans l'ensemble de la province tandis que, dix-huit ans plus tard, la rivière en crue monta si haut que les poids du consulat de Cahors[18], déposés sur les ponts Vieux et Neuf, furent emportés par le courant ; on peut apprécier le caractère exceptionnel de ces précipitations lorsque l'on sait que la crue de février 1347, résultat de vingt-deux jours et nuits

---

[17] Aujourd'hui rue Nationale.
[18] Les poids étaient disposés aux principales entrées de la ville afin de peser les marchandises et ainsi déterminer le montant de l'octroi à payer.

d'une pluie continuelle, fit déborder l'eau jusqu'à la place de la Conque, au milieu de la ville[19]. Début mars 1372, plusieurs moulins installés sur le Lot furent emportés ou détériorés par une nouvelle crue et enfin, en janvier 1391, les flots gonflés d'une manière inédite firent d'importants dégâts à Cahors, fissurant le pont Vieux, la courtine de la tour des Chanoines et la levée de terre du Pal.

Les faits évoqués ci-dessus semblent faire des précipitations excessives la caractéristique dominante des accidents du climat local au XIVe siècle, mais une nuance est cependant posée par plusieurs sécheresses : la première atteignit son paroxysme juste après la fête de Pâques 1338 et l'évêque organisa alors une procession dans l'espoir de faire enfin revenir la pluie ; la seconde, qui se déroula moins de trente ans plus tard, en 1362, était si avancée au mois de mai que les récoltes étaient déjà fortement endommagées. A Gourdon en août 1376, on souffrait tellement du manque d'eau que les consuls firent faire une procession pour, s'exclamaient-ils, « *que Dieu* [leur] *envoie de l'eau !* ».

L'ensemble de ces mentions donne une bonne idée de l'amplitude des problèmes climatiques, particulièrement importants pour le monde paysan ; ils devancèrent et accentuèrent les dévastations commises par les combattants des deux camps et provoquèrent une sous-alimentation chronique de la population, qui se retrouva ainsi fortement affaiblie et à la merci des épidémies.

La peste débarqua en Occident au cours de l'hiver 1347-1348 ; venue d'Asie centrale, elle avait cheminé jusqu'en Crimée avant de contaminer quelques marins italiens. Ces derniers, faisant plus tard escale à Marseille, la firent débarquer avec eux et elle se propagea ensuite de ville en ville ; elle toucha l'ensemble du royaume de France au cours de l'année 1348, frappant notamment Toulouse en avril puis Cahors, ainsi que Pontcirq,

---

[19] Les places du Marché et de la Conque étaient séparées par l'hôtel du consulat. Lorsque celui-ci fut détruit par un incendie en décembre 1686, il ne fut pas reconstruit mais rasé, permettant la réunion des deux places en une seule, la place du Marché, aujourd'hui appelée place Chapou.

quelques semaines plus tard. Elle y trouva un terreau très favorable à son expansion, car les mois précédant son arrivée furent, suite aux pluies diluviennes de 1346-47, une période de famine : très diminués, les Quercinois furent frappés de plein fouet par la peste pulmonaire et le nombre des morts fut certainement très important. A Cahors, il fut assez impressionnant pour provoquer un grand mouvement de fuite : courant 1349, le Galois de la Baume, lieutenant du roi en Languedoc, donna l'ordre aux consuls de la ville de forcer les habitants qui avaient fui à revenir ; il qualifiait d'ailleurs la cité de « désert abandonné ».

Le répit dont bénéficièrent les survivants de la première épidémie de 1348-49 fut relativement court, car la peste revint dès 1361 et se répandit dans tout le Languedoc, qui subissait ainsi, à l'égal de tout l'Occident, la récurrence de la contagion. Cajarc fut à nouveau frappé en 1374 et, comme cette ville entretenait des rapports dans toute la vallée du Lot, ses envoyés venant notamment souvent à Albas pour y rencontrer l'évêque, il est probable que la maladie se propagea le long du cours de la rivière. De la même façon, tout porte à croire que l'épidémie qui frappa Cahors en 1384 se diffusa dans toute la vallée avant de se répandre sur ses abords.

Les épidémies eurent de graves conséquences démographiques non seulement à court, mais aussi à moyen et long termes. La peste de 1348 toucha en priorité les vieillards et les enfants : si pour les premiers on peut considérer qu'il ne s'agissait que d'une anticipation sur les décès des années à venir, il en va autrement des jeunes enfants qui, morts entre cinq et quinze ans, avaient déjà franchi les âges les plus touchés par la mortalité infantile ; ils furent autant de pères et de mères en moins pour les années 1355 à 1365, ce qui eut pour conséquence, en réduisant très fortement la nuptialité de cette décennie, de doubler les effets négatifs de la première épidémie avec un décalage de dix à quinze ans.

Au lendemain de la première peste, le soulagement des adultes se traduisit souvent par une vague de mariages et de procréations, mais les enfants qui vinrent furent fauchés par la maladie en 1361 et 1374, puis à nouveau en 1384, et certainement encore après : toute reprise démographique s'avéra impossible. De plus, comme en 1348, la maladie provoquait de nombreux départs à chacun de ses passages, ce qui contribuait à réduire encore le nombre d'habitants. Un dénommé Arnaud Sagraregali, qui déposa comme témoin pour l'*Informatio Caturcensis*, enquête fiscale décidée par la chambre apostolique pour faire l'état du diocèse de Cahors vers 1387, affirmait que la peste avait ruiné le Quercy plus que la guerre.

La contagion avait aussi d'autres effets, car chaque communauté se fermait à l'extérieur : l'étranger et le voyageur devenaient suspects et les marchands hésitaient à déballer leurs marchandises. Quant aux rapports sociaux, qu'ils soient familiaux, amicaux ou professionnels, ils se confinaient au strict minimum, chacun restant cloîtré chez soi.

La diminution de la main-d'œuvre consécutive aux morts et aux départs fut très vivement ressentie dans les campagnes : de nombreux champs restèrent en friche car les salariés agricoles demandaient des salaires de plus en plus importants alors que les propriétaires fonciers étaient touchés de plein fouet par le marasme des prix céréaliers

Les documents manquent pour apprécier ce que fut précisément la vie pontcirquoise durant ces années de misère, mais le simple énoncé des fléaux que tous endurèrent suffit à en donner une idée. On peut en revanche évoquer un peu plus clairement les événements militaires qui touchèrent la région de Pontcirq durant les décennies 1350, 60 et 70.

Le château de Péchaurié, pris par Philippe de Jean et Bertrand de Pestillac durant l'année 1346, était situé à 4,7 km à vol d'oiseau de Pontcirq et il ne fait nul doute que les quatre agglomérations de la paroisse eurent à subir sa garnison jusqu'à ce qu'il soit enfin racheté par son seigneur, Jean de Saint-Gily, en décembre 1351.Il est à noter que durant la même époque l'évêque de Cahors fit de gros efforts pour fortifier ses possessions entre Cahors et Duravel, contribuant ainsi à une meilleure sécurité du secteur. Les troubles ne cessèrent pas pour autant et les activités anglaises se poursuivirent.

1355 fut l'année de la grande chevauchée du Prince Noir en Languedoc, à laquelle participèrent notamment des membres de familles de seigneurs locaux avec lesquels Pontcirq avait déjà eu maille à partir, les de Jean et les Pestillac. Dans les provinces voisines des territoires où il mena sa chevauchée, le prince Noir fit engager des opérations de façon à y fixer les troupes du roi de France ; un grand nombre de places furent ainsi attaquées et prises par les Anglo-Gascons et, dans la région de Pontcirq, ce furent ainsi Marminiac, Puy-l'Evêque, Les Arques, Crayssac et Castelfranc qui tombèrent entre leurs mains. On note que Goujounac fut attaquée par Benoît de Jean accompagné des deux frères Philippe et Isarn du Cluzel.

Durant ces quelques années, la principale menace à laquelle les Pontcirquois durent faire face était la garnison des Junies, tenues par les ennemis du roi depuis 1346, lorsque le seigneur du lieu, Philippe de Jean, avait rallié la cause anglaise ; bien qu'ayant au début des années 1350 fait allégeance au roi de France, il se maintint ensuite dans une attitude trouble et n'hésita pas à aller ravager et piller les terres alentours.

Fortes de cet ensemble de places entre leurs mains, les bandes redoublèrent d'action et dévastèrent durant le reste de l'année 1355 tous les alentours de Cahors et de Catus. Ceux qui tenaient le parti du roi de France ne restèrent pas inactifs, car l'évêque et les consuls de Cahors, de concert avec le prieur de Catus, envoyèrent des troupes assiéger Crayssac. Les combats redoublèrent d'intensité, car les anglais fortifiés à Cazals et à Salviac, seigneuries appartenant aux de Jean, attaquèrent un peu partout et s'emparèrent à nouveau de Goujounac, qui avait été repris par les Français peu de temps auparavant.

L'année 1356 se déroula sur le même ton, sinon un cran au-dessus. Le 19 septembre, le roi de France Jean le Bon fut fait prisonnier par le Prince Noir à la bataille de Poitiers ; cet événement plongea le royaume dans une grande stupeur et le laissa dans une quasi-anarchie. Alors que se déroulaient les pourparlers de paix entre les rois de France et d'Angleterre, les compagnies anglo-gasconnes continuèrent à garder le Quercy sous pression en maintenant leurs activités militaires.

La défense de la province resta active malgré tout, et l'on réussit même, en 1357 ou 1358, à reprendre Puy-l'Evêque, mais ce fut un maigre succès comparé aux nombreuses réussites des Anglo-Gascons. Ils prirent par exemple Catus le 17 février 1360, après avoir assiégé la place durant plusieurs jours et contraint le prieur, qui dirigeait la défense, à mettre bas les armes ; les Etats du Quercy ne laissèrent cependant pas une place aussi importante, pourvue de toutes les facilités et située près de Cahors, aux mains des Anglais très longtemps : ils la rachetèrent le 15 mars suivant. La même année, la conclusion à Brétigny du traité de paix fit passer la province sous domination anglaise. La prise de possession effective se fit début 1362 par le célèbre capitaine anglais Jean Chandos.

Les Pontcirquois, comme les autres habitants des provinces annexées, devinrent les sujets d'Edouard III non comme roi d'Angleterre, mais en tant que duc d'Aquitaine, étant donné que le Quercy fut incorporé à ce duché. En 1362, le Plantagenêt érigea celui-ci en principauté indépendante au profit de son fils, Edouard de Woodstock. Ce nouvel état, reconnu comme souverain par le roi de France Jean le Bon, était une sorte de vice-royauté élargie, car son chef agissait à la fois comme prince du duché et comme lieutenant du roi d'Angleterre, son père. L'Aquitaine eut alors des institutions distinctes de celles du royaume d'outre-Manche et ses finances furent déconnectées du trésor anglais.

Les grands changements politiques qui intervinrent durant les années 1360-1362 modifièrent peu la situation sur le terrain. Licenciées et privées des bénéfices de la guerre par le traité de paix, les compagnies de routiers continuèrent la guerre pour leur propre compte et les officiers anglais nouvellement nommés dans la province furent incapables de les arrêter. En août 1362, elles vinrent ravager la basse vallée du Lot où elles prirent Fumel et Duravel. Il fallut attendre 1365, et le départ de plusieurs d'entre elles pour l'Espagne où une autre guerre commençait, pour que la région souffle un peu ; le répit fut cependant de courte durée car elles revinrent en Quercy sitôt les opérations espagnoles terminées, en 1367-68.

La guerre entre les rois de France et d'Angleterre ne fut pas longue à reprendre : les Français attaquèrent en Rouergue et en Quercy dès le début de l'année 1369, soutenant le grand nombre de nobles et de communautés qui venaient de se rebeller contre le prince Edouard. Les Anglais répliquèrent en assiégeant Duravel, mais ce fut sans succès ; ils réussirent en revanche à prendre Salviac, Marminiac et Cazals, qui devint une des plus importantes de leurs garnisons de la région durant les années qui suivirent ; on note qu'elle servit d'étape à d'importants détachements en janvier et à la fin du printemps 1373. La guerre se poursuivit ensuite sur le même rythme qu'avant 1360, les embuscades succédant aux coups de mains, les villages étant pris et repris suivant les aléas des opérations.

Pontcirq aux mains des Anglo-Gascons.

Les compagnies anglo-gasconnes qui sévirent dans la province durant plusieurs dizaines d'années n'étaient pas particulièrement nombreuses : on peut estimer que leur effectif total se situait généralement entre 1500 et 2500 hommes ; elles pouvaient cependant être renforcées de manière ponctuelle par le passage de grandes armées royales ou princières.

Une compagnie, c'était cinquante à cent hommes, plus rarement trois cents, sous les ordres d'un capitaine que l'on trouvait souvent secondé par des subalternes nommés lieutenants et connétables. Suivant son effectif et la puissance de son chef, elle pouvait occuper un ou plusieurs points forts pour contrôler sa zone d'action. Dans les provinces du royaume de France où elles oeuvraient, l'utilité de ces bandes dans la stratégie du roi d'Angleterre résidait dans la désorganisation de l'économie qu'elles provoquaient et dans leur capacité à fixer sur place les troupes indispensables à la défense locale.

Pour se prémunir autant que possible des agissements des compagnies installées dans leurs parages, les communautés prirent l'habitude de négocier avec elles des « traités de paix » locaux appelés *patis* : contre un prix en argent et en vivre, les routiers s'engageaient à laisser les habitants travailler et se déplacer à leur gré dans la zone sous leur contrôle pour une durée déterminée à l'avance. Selon une organisation assez souple mais néanmoins hiérarchisée, le contrôle de la région était partagé entre les différents capitaines, charge à chacun d'eux de rançonner les localités situées dans sa zone. Particulièrement rémunérateurs, ces traités étaient des sujets de discorde tout désignés, car tous les chefs de bande étaient non seulement âpres au gain, mais ils devaient de plus subvenir aux besoins de leurs hommes.

Pontcirq fut pendant quelques années le siège d'une garnison anglo-gasconne. Le village ne fut cependant pas le repaire d'une importante compagnie, mais plutôt un poste tenu par un détachement dépendant du capitaine de Cazals, Peyran lo Malhie. En 1381, celui-ci avait en effet des garnisons installées dans l'Ouest quercinois et le proche Périgord : Niaudon, Gindou, ainsi que, probablement, Carlux et Paulhiac. Etant donné la proximité de deux d'entre elles, il est probable que ce soit lui qui se soit assuré, à cette époque, du contrôle de Pontcirq. Durant cette même année 1381, il entra en conflit avec un autre capitaine anglo-gascon, Noli Barba, au sujet de leurs *patis* respectifs. Noli Barba avait son principal point fort au château de Belcastel, sur la Dordogne, mais il tenait aussi Montvalent, Sarrazac et Beynat[20], ainsi que, conjointement avec le capitaine Bertrucat d'Albret, Saint-Médard-la-Garénie. En fait, le nombre des places sous son contrôle était certainement beaucoup plus élevé, mais la documentation est insuffisante pour l'affirmer.

Le différent qui opposa Peyran lo Malhie à Noli Barba éclata en juillet, le second accusant le premier de ne pas respecter ses *patis*. Lo Malhie avait en effet kidnappé des hommes et volé du bétail dans la région de Gourdon alors

---

[20] En bas Limousin.

qu'elle était sous la protection d'un traité accordé par Noli Barba. Bien que beaucoup plus faible, lo Malhie n'hésita pas à contrer son puissant adversaire et alla même, en janvier 1382, ravager les alentours de son château de Belcastel. Il n'était cependant pas de taille et les deux hommes finirent certainement par s'accorder, lo Malhie acceptant d'être subordonné à Noli Barba : il était toujours en place en 1386 mais n'était plus qu'un second couteau car ses garnisons de Cazals et de Pontcirq étaient depuis 1384 notées comme étant sous le contrôle de Noli Barba. Celui-ci disposait, en plus des places citées *supra*, de Marminiac, Costeraste, Pinsac, Sabadel, Creysse et Issepts, ce qui en faisait, avec Ramonet Del Sort, neveu et héritier de Bertrucat d'Albret, le plus puissant chef anglo-gascon installé dans la province.

On ne sait si les activités du détachement tenant Pontcirq étaient aussi virulentes que celles de la garnison de Costeraste, qui en mai et juin 1385 attaqua successivement Saint-Cirq-Lapopie, Calvignac et Cahors (à deux reprises), mais il est probable que sa présence pesa non seulement sur toute la paroisse, mais aussi sur tout le pays alentours. Dans tous les cas, ses nuisances furent suffisamment importantes pour décider le sénéchal français du Quercy à monter une expédition pour le chasser du hameau. Avec ses propres troupes et celles qui lui furent fournies par le consulat de Cahors, commandées par un nommé Jaffre, il assiégea Pontcirq dont la garnison réussit à résister quelques jours avant de se rendre.

Le départ des routiers laissa la paroisse dans un triste état. Les opérations du siège, avec l'installation des troupes françaises dans les environs et les combats, avaient dû provoquer de nombreuses destructions. Surtout, la vie avait été complètement désorganisée durant plusieurs années, les habitants de Pontcirq ayant eu à subir la présence permanente des routiers, tandis que ceux du Cluzel, de Tourniac, de Rostassac et de la Bastide-Floyras avaient dû vivre dans la peur permanente d'une attaque, d'un rapt ou d'un vol de bétail. La vie religieuse et paroissiale, si importante à cette époque, s'était réduite à peu de choses, l'église servant de repaire forifié à la garnison ennemie.

Sur le plan régional du conflit, le retour de Pontcirq dans le camp français ne fut qu'un détail et les combats continuèrent comme à l'accoutumée. Peu après la reprise du village, en janvier 1386, le sénéchal du Quercy accompagné de troupes cadurciennes alla assiéger et prendre Crayssac, mais le village fut repris par les Anglais dès l'année suivante. Peyran lo Malhie tenait alors toujours Cazals tandis que Frayssinet-le-Gélat fut pris en 1387.

La paroisse n'avait pas uniquement à craindre les activités des bandes installées dans des environs relativement proches car Catus, par exemple, avait subit en 1389 les agissements de la garnison d'Orgueil[21], située à quelques 25 kilomètres à vol d'oiseau, et il est probable que tout le pays en fut victime. L'année suivante cependant, la menace se fit plus intense car une compagnie s'empara à nouveau des Junies.

Charles VI, roi de France depuis 1380, et Richard II, roi d'Angleterre depuis 1377, souhaitaient la paix et, à partir des années 1390, réussirent à provoquer une détente dans les affaires franco-anglaises en concluant des trêves bilatérales. Comme par le passé, les capitaines anglo-gascons étaient peu soucieux d'abandonner la guerre, qui pour eux était à la fois un mode de vie et une activité particulièrement rémunératrice. Ils persistèrent donc à ravager la province et à extorquer des *patis* aux communautés ; ce faisant, ils ne réalisèrent pas que, contrairement à ses prédécesseurs, Richard II était sincère dans sa volonté de paix et comptait bien faire respecter les trêves. Une commission d'observation fut réunie à Cahors en juillet 1390 et les représentants des rois de France et d'Angleterre ne purent que constater leur inefficacité face aux capitaines. Suite à cela, une armée fut réunie en octobre pour donner la chasse aux bandes incontrôlées ; commandée par le maréchal de Sancerre et le sénéchal

---

[21] Situé sur l'actuelle commune de Mauroux, sur une butte bordant le Lot, le village et le château d'Orgueil ne subsistent plus aujourd'hui qu'à l'état de ruines. Ils furent détruits durant la guerre de Cent Ans.

du Quercy, elle assiégea tout d'abord les Junies puis, une fois le château pris, alla s'emparer de Frayssinet-le-Gélat et des repaires anglo-gascons alentours avant de se diriger vers Rocamadour. Pontcirq se retrouva ainsi à nouveau au coeur de la zone des opérations et il est fort probable que les habitants de la paroisse eurent à subir de nombreux débordements.

Les trêves étant mieux observées après la mise au pas d'un grand nombre de compagnies, les quelques années qui suivirent furent un temps de calme relatif, mais ce répit fut de courte durée : les Anglais reprirent Salviac dès 1401 et, deux ans plus tard, ce fut au tour de Cessac de tomber entre leurs mains. Les compagnies anglo-gasconnes opéraient désormais, essentiellement, depuis le proche Périgord avec les garnisons de Castelnaud-de-Berbiguières, Lavaur, Biron et Bigaroque ; se trouvant ainsi sur leur zone de passage lors des fréquentes opérations qu'elles montaient contre la région de Cahors, le territoire de la paroisse devint particulièrement exposé, et cet état de fait ne fit que s'aggraver lorsque les Anglais furent à nouveau maîtres de Marminiac, en 1413, puis du château de Péchaurié l'année suivante. La prise de cette forteresse fut à l'origine d'une nouvelle grande opération militaire dans le pays, car elle fut assiégée par l'évêque de Cahors et tomba en novembre 1414. Ce succès ne soulagea Pontcirq que quelques mois car, en octobre suivant, les Anglais de Belvès, Villefranche-de-Périgord et Marminiac réussirent à nouveau à s'emparer de Catus, tandis qu'en 1419 ceux de Marminiac poussèrent leur avantage en prenant Douelle.

La guerre continua ensuite sur le même rythme, les périodes de stagnation succédant aux temps d'intenses activités : entre 1426 et 1428 par exemple, la région eut à subir les compagnies installées à Mercuès, Puycalvel et Boissières, puis, en 1437, celle qui s'était emparée de Puy-l'Evêque.

A partir de cette époque, les Anglais commencèrent à être chassés et repoussés vers l'ouest. Le calme retrouvé laissa certainement la paroisse dans un état effrayant : en moins d'une centaine d'années, le hameau de Pontcirq avait été pris et repris deux fois, avait été occupé pendant des mois par une garnison anglaise et le territoire paroissial avait été parcouru en tous sens à des dizaines de reprises par des combattants des deux camps. On ne sait quels ont été les sorts particuliers de Tourniac, Rostassac, de la Bastide-Floyras et du Cluzel, mais il est probable que leur situation n'ait pas été plus enviable que celle du hameau ecclésial.

Après 1450, les préambules des actes notariés faits pour les nouveaux Pontcirquois insistent régulièrement sur les ravages des mortalités et des guerres de la période précédente. Aux Junies, l'insécurité avait été telle que l'on s'était dès 1353 préoccupé du sort des quinze religieuses isolées dans leur couvent : elles avaient été envoyé se réfugier à Cahors, où une partie de l'ancien palais Duèze leur avait servit de logement. Elles avaient pu reprendre possession de leur couvent durant la paix de Brétigny, mais elles furent obligées de s'enfuir à nouveau vers Cahors lorsque la guerre reprit, en 1369 ; elles y restèrent jusqu'à la fin des hostilités. En 1400, les revenus que leur procuraient leurs terres des Junies vidées de leurs paysans étaient réduits à si peu de choses qu'elles furent incapables de payer certains impôts et durent se résoudre à abandonner des biens à leurs créanciers pour s'en acquitter.

La situation était tout aussi déplorable à Pontcirq et nous pouvons sans problème penser que nombreux furent ceux qui quittèrent la région pour s'installer sous des cieux considérés comme plus cléments. Parmi eux, les Drulhe, une famille de laboureurs installée sur les paroisses de Pontcirq et de Lherm, partirent s'installer à Lauzerte ; même s'ils gardèrent un temps quelques biens dans leurs deux paroisses d'origine, ils s'investirent activement dans la vie de leur localité d'accueil et y progressèrent socialement : l'un d'eux y fut nommé consul en 1479, tandis que d'autres s'orientèrent vers la prêtrise et fréquentèrent l'université de Cahors.

A la fin du conflit, la paroisse présentait un grand nombre de maisons abandonnées et de champs revenus à la broussaille, au milieu desquels trônaient les quatre petites forteresses dont une grande partie des défenses avaient été entretenues avec des moyens de fortune. La légende raconte même que le pays était tellement dévasté qu'une louve avait mis bas dans l'église de Lherm.

Chapitre IV

La reconstruction

Alors que les dernières compagnies anglo-gasconnes quittaient la région, les élites locales songeaient déjà à reconstruire le pays ruiné ; ils ne pouvaient cependant le faire sur des bases anciennes : les limites géographiques des propriétés et des juridictions étaient devenues aussi floues qu'incertaines et tout était à l'abandon. Bien plus, les campagnes s'étaient vidées de leur population : le repeuplement était une priorité car il fallait attirer les bras qui manquaient cruellement pour la remise en valeur des terres. Les seigneurs fonciers se mirent alors en quête d'attirer de nouveaux habitants originaires de l'est du diocèse de Cahors, d'Auvergne, du Rouergue et du Limousin.

L'œuvre des Molières.

Pour définir les obligations des nouveaux colons qui venaient s'installer sur ses terres, un seigneur avait le choix entre deux possibilités : soit accenser chaque exploitation particulière à un individu et à sa famille, soit le faire pour la totalité du domaine rural de sa seigneurie, « *la boria* », en indivision à un groupe de colons et ne plus avoir affaire qu'à leurs représentants de façon à lever les cens en bloc. C'est cette dernière solution qui fut mise en œuvre par de dynamiques entrepreneurs, les Molières, dans les « *borias* » de Tourniac et de Saint-Médard.

La famille de Jean de Molières et de ses frères était originaire de Montmurat, du diocèse de Saint-Flour. Ayant suivi le courant d'immigration qui menait les montagnards d'Auvergne et du Rouergue vers le Quercy dévasté, ces fils de paysans aisés avaient semble-t-il été fixés par l'université de Cahors, où Jean avait été étudiant et était devenu bachelier *es* arts et décrets, probablement comme son frère Pierre.

Jean fut nommé curé de Pontcirq et de Saint-Médard en 1443, ce double poste s'expliquant par le fait que les ressources de ces deux paroisses, alors presque vides d'habitants, étaient trop réduites pour permettre l'entretien d'un prêtre pour chacune d'elles. D'ailleurs, les opérations de repeuplement qu'il lança au milieu du XVe siècle ne firent pas augmenter la population dans des proportions propres à changer cet état de fait, car elles ne concernèrent que dix familles à Saint-Médard et douze à Pontcirq.

Jean de Molières résidait habituellement à Cahors, où il exerçait aussi en tant qu'enseignant dans les écoles de grammaire de la ville ; la pension qu'il touchait pour cette activité étant particulièrement réduite à cause de la guerre, il obtint en 1444 du consulat de Cahors d'être nommé maître du collège de Rodez[22] pour trois ans. Très occupé par ses activités cadurciennes, il ne faisait que des séjours temporaires dans sa cure mais cela ne l'empêcha pas de s'y lancer dans les affaires dès qu'il en fut pourvu. En effet, il s'associa en 1446 à un marchand cadurcien avec qui il prit à fief la totalité de la seigneurie de Saint-Médard pour, quelques mois plus tard, la réacenser à nouveau mais en la divisant en onze parts.   Durant la même période, il traita avec Hugues de Floyras, seigneur de la Bastide-Floyras mais demeurant à Duravel, pour qu'il lui inféode la bastide et toutes ses dépendances. Pour mener à bien cette entreprise, il s'associa à son frère Bertrand, commerçant à Cahors, et signa finalement l'acte le 15 avril 1446. Fait notable, le document concernant cette vente précise qu'il existait encore une petite agglomération autour du vieux repaire. Bertrand abandonna vraisemblablement son commerce cadurcien ensuite car on le trouve noté comme habitant de la Bastide-Floyras en 1455.

---

[22] Les collèges médiévaux avaient pour but de fournir le gîte et le couvert à des étudiants pauvres qui suivaient les cours de l'université ; pourvus de bibliothèques, ils devinrent petit à petit des lieux d'enseignement. Pour leur permettre de fonctionner, leurs fondateurs les dotaient de biens immobiliers qu'ils mettaient en location ou exploitaient directement. Le collège de Rodez abritait ainsi des étudiants de l'université de Cahors.

L'entreprenant curé de Pontcirq continua sur sa lancée : le 26 novembre 1447, il acheta à un dénommé R. Lavergne tout ce qu'il possédait à Saint-Médard avant de le revendre, un an et demi plus tard, à deux immigrés auvergnats, Raymond et Hugues Aussac. Le dynamisme de Jean de Molières ne fut pas sans lui attirer quelques ennuis, car il entra en conflit avec le collège Pelegry au sujet des dîmes de Pontcirq.

Chose finalement assez fréquente chez les prêtres de cette époque, où les spécialistes du droit manquaient, Jean était aussi notaire. Cette capacité ne pouvait que lui faciliter les choses dans ses affaires immobilières : c'est lui par exemple qui, avec le notaire Petra de Catus, rédigea en 1458 l'acte rectifiant le montant des redevances et les limites de l'indivis de Saint-Médard, celui-là même qu'il avait accensé après l'avoir divisé en onze parts.

La reconstruction était une œuvre difficile et de longue haleine. Malgré l'esprit pionnier des nouveaux paysans de Saint Médard, leur cheptel n'excédait que de peu la centaine de têtes de moutons six ans après leur arrivée.

La famille Molières accapara progressivement toute la seigneurie de la Bastide-Floyras. En 1463, Jean de Molières, son frère Bertrand, l'ancien commerçant cadurcien, et le fils de celui-ci, Bertrand *junior*, avaient déjà accentué leur emprise sur ce vieux domaine : Bertrand *senior* y avait notamment acheté certains droits seigneuriaux aux barons de Luzech ; on le trouve pourtant, trois ans plus tard, toujours mentionné comme exerçant la profession de mercier, c'est-à-dire, en suivant Jean Lartigaut, de presque colporteur. C'est Jean, le fils de Bertrand junior, qui vint parachever leur œuvre en faisant entrer sa famille dans le milieu de la petite noblesse locale par le biais de son mariage avec Jeanne, fille du dernier des Floyras. En 1497, il maria à son tour sa fille, qui portait le même prénom que sa mère, à un habitant de Caylus.

Les Molières ayant accaparé la seigneurie de la Bastide-Floyras ne constituaient pas la seule branche de cette famille à être bien installée dans le pays. Pierre, frère de l'entreprenant curé Jean de Molières, fut de 1446 à 1471 au moins curé de la paroisse voisine de Lherm, avec ses annexes Saint-Martin et Saint-Signes. Comme Jean, l'essentiel de sa vie se passait à Cahors, où il était chapelain du collège Pélegry, aussi laissait-il habituellement le soin de sa paroisse à un « lieutenant ». D'autre part, il se déplaçait souvent pour instrumenter comme notaire car il était, tout comme son frère, qualifié pour ce faire ; il exerçait parfois non loin de sa cure et dans la basse vallée du Lot, mais aussi beaucoup plus loin, à Villefranche-du-Périgord, Caussade, Caylus, Montpezat et Beauregard, et jusqu'à Montmurat en Auvergne où il rendait régulièrement visite à certains de ses parents habitant toujours le berceau familial.

En 1479, un autre Pierre de Molières, qualifié de *junior* pour le distinguer de son prédécesseur, fut à son tour recteur de Lherm ; il possédait des rentes dans la paroisse de Pontcirq où, parmi ses tenanciers, on trouvait un autre Pierre de Molières, attesté comme prêtre de l'église Saint-Pierre en 1502 et 1503. Le premier est mentionné en 1510 comme possédant aussi des rentes à Saint-Médard, où ses terres confrontaient celles de ses neveux Antoine, qui fut curé de ce village de 1511 au moins à 1543, et Guillaume, qui habitait la Bastide-Floyras ; en 1512, il leur fit donation d'une rente de huit quartes de froment, dix sous et deux poules qu'il levait dans la paroisse de Pontcirq. A sa mort, il fut remplacé à la cure de Lherm par l'un de ses parents, attesté en 1517 et prénommé Jean. Les Molières s'attachèrent durablement ce ministère : quelques temps avant 1536, il revint à nouveau à un dénommé Pierre de Molières, qui y fut remplacé par un certain Jean de Molières *junior* le 24 mars 1556.

Tous les Molières que nous avons évoqués, ou presque, avaient en commun d'avoir été collégiats du collège Pélegry de Cahors, mais Jean Lartigaut a trouvé à Lherm d'autres personnes portant le même nom mais n'ayant pas suivi ce parcours. Il s'agissait pour la plupart de paysans : il y avait ainsi Raymond, alias Marot, et son fils Magdelon, qui prirent à fief la borie de Bouyssette en 1460 ; Pierre, chaussetier, qui en 1478 résidait à Lherm avec son frère Vidal et, enfin, Magdelon et Bernard qui habitaient Vaysse vers 1480.

Au début du XVIe siècle, deux branches de la famille issue du mercier Bertrand de Molières étaient installées à la Bastide-Floyras : la première, qui descendait des époux Jean de Molières et Jeanne de Floyras, était noble, tandis que la seconde n'était qualifiée que de bourgeoise ; les représentants de chacune d'elles s'appelaient alors tous deux Antoine. C'est Antoine de Molières « bourgeois » qui fit édifier le manoir de Labastidette.

Concernant la toponymie des lieux, il convient de rappeler que les appellations « Labastidette-haute » et « Labastidette-basse » sont à priori impropres : en effet, la Bastide-Floyras ayant été le premier château, le manoir construit au XVIe siècle fut désigné par rapport à son aîné, « la bastidette », c'est-à-dire « la petite (dans le sens de jeune, plus récente) bastide ». Il est à noter que les cartes IGN utilisent les noms de « la Bastide-Floyras » et de « Labastidette ». Il reste cependant possible qu'à partir du XIVe siècle la Bastide-Floyras ait été plus communément appelée « la Bastidette », dans le sens de « bastide de petite taille », ce qui apparaît logique si, comme le croyait Jean Lartigaut, une modeste tentative de peuplement fut tentée : en 1498, on trouve effectivement la veuve d'un Floyras, Jeanne d'Auriola, qualifiée de « dona de la Bastideta ».

Les deux Antoine entrèrent en conflit durant les années 1520, le « bourgeois » ayant semble-t-il tenté d'usurper des droits seigneuriaux concernant une maison, des terres et un pré situé à Font Polémie en les détenant sans investiture ; ils se querellaient aussi au sujet de certaines successions recueillies par Antoine « bourgeois », dont un tombeau qui, situé dans le chœur de l'église de Pontcirq, se trouvait entre deux autres sépulcres appartenant au seigneur de la Bastide-Floyras. Il semble qu'il y ait eu là tous les ingrédients d'un conflit familial mêlant argent, jalousies et préséances. Un accord provisoire vint mettre un terme à l'affaire en 1529, au bénéfice d'Antoine « noble » semble-t-il, mais la situation resta tendue.

Le conflit s'envenima à nouveau mais il prit alors un tour très défavorable pour Antoine « noble ». En effet, nonobstant le désaccord qui l'opposait à son cousin, il fut accusé d'avoir commis divers « excès » contre les moniales des Junies en compagnie de Mathurin de Saint-Gily ; ces agissements furent assez graves car il fut condamné au bannissement et à la confiscation de tous ses biens, ce qui donna probablement une certaine satisfaction à son rival. Il ne réapparut en Quercy qu'en 1540 et mit quelques temps avant de retrouver la jouissance de ses anciennes possessions. Cette affaire occupa probablement l'ensemble des branches locales de la famille de Molières : trois frères portant ce nom, tous prêtres, firent d'Antoine « bourgeois » leur héritier universel, marquant ainsi peut-être leur préférence dans ce différent.

Figure 11. Vue aérienne de Labastidette.
(Le cercle 1 indique le repaire de la Bastide-Floyras, le 2 le manoir de Labastidette)

Malgré son mariage avec Gabrielle de Roquemaurel, Antoine de Molières « noble » disparut sans postérité ; ses obsèques eurent lieu à Pontcirq et l'on mit pour l'occasion une ceinture funèbre tout autour de l'église, dans laquelle on l'inhuma. Vers la fin du XVIe siècle, ses biens passèrent à la famille de Vilaris par le mariage de sa sœur avec Pierre de Vilaris, un notaire de Catus.

De son côté, la famille des Molières « bourgeois » parvint à se maintenir à Labastidette. Par diverses acquisitions, mais de fait plus que de droit en vérité, elle parvint à la noblesse et s'agrégea au monde de la judicature : Antoine, le rival d'Antoine « noble », fut le père d'un enfant prénommé Louis qui devint plus tard conseiller au présidial de Cahors ; un des fils de celui-ci, répondant lui aussi au prénom de Louis, devint en 1581 novice à la Grande Chartreuse[23] puis, vingt-et-un an plus tard, Chartreux à Naples.

L'action du collège Pélegry.

De l'autre côté de la paroisse, le collège Pélegry favorisa aussi la reprise économique avec les moyens dont il disposait. En 1448, il arrenta à trois frères originaires de la Capelle-Bagnac, Pierre, Guillaume et Jean Maury, ainsi qu'à Guillaume Del Ser, de Saint-Cirq à côté de la Capelle-Bagnac, tout le lieu de Tourniac, donné comme « vacant à cause des guerres et des mortalités ». Quatre ans plus tard, l'établissement fit de même avec Jean Besombes et Pierre Cambonis, de Gréalou, ainsi qu'avec Hugues Vincent, de Toirac, pour les lieux du Cluzel et de Rostassac avec les tours, maisons, terres et autres appartenances qui en dépendaient et étaient situées dans les paroisses Saint-Pierre de Pontcirq, Saint-Médard, Caix et Canourgues ; le cens se montait à 8 setiers de froment, 3 d'avoine, 6 paires de poules, 6 livres et cire et 6 livres en numéraire ; le collège se réservait la justice haute, moyenne et basse sur les lieux cités et le territoire dit

---

[23] Grande Chatreuse : monastère situé dans le massif de la Chartreuse et fondé par Saint-Bruno en 1084.

du saut del Bert, situé du côté de Rostassac, afin d'y établir une mouline à fer, projet dont on ne sait s'il fut mené à terme. On note l'étendue inhabituelle de cette inféodation : s'il peut sembler normal qu'il ait pu y avoir quelques appartenances du Cluzel à Canourgues, qui n'en est éloigné que de deux kilomètres et fait partie du même ensemble géographique, il est plus surprenant que Rostassac en ait eu à Caix, dont il est distant de 4 kilomètres à vol d'oiseau et séparé par un large mouvement de terrain ; quoi qu'il en soit, plus de 7,5 kilomètres séparaient les points extrêmes des territoires concédés.

En 1449, le collège arrenta le moulin ferrier d'Estravols, implanté au confluent du Vert et de la Masse, sur le territoire de Castelfranc, à deux immigrés venus des contreforts pyrénéens : Jean Traversier, du diocèse de Pamiers, et Arnal d'Ajas, du comté de Foix. Afin de remettre en route puis de faire fonctionner leur industrie, le collège leur donna le droit de prendre du minerai de fer dans toutes ses propriétés et de couper du bois pour faire du charbon à Castelfranc, au Cluzel et à Rostassac, excepté cependant les arbres domestiques dans les lieux et paroisses de Pontcirq, Tourniac et Lherm.

En 1457, l'établissement accensa deux autres moulins, « distants d'un trait d'arbalète » et tous deux situés aux appartenances de Rostassac, à Arnal d'Ajas qui, nous l'avons vu au paragraphe précédent, exploitait déjà le moulin d'Estravols ; le contrat précisait qu'il devait édifier un moulin bladier dans les deux ans.

Attirés par les besoins en main-d'œuvre spécialisée en métallurgie, les Pyrénéens s'installèrent un peu partout autour des vallées du Vert et de la Masse ; à Lherm, les Basques et les Béarnais constituèrent une véritable colonie exploitant les forges du village et les mines du Pech des Minies de las Caselas. Peut-on penser que quelques-uns d'entre eux s'installèrent à Pontcirq ? Ces artisans du métal n'étaient pas occupés à plein temps par leurs activités sidérurgiques et, travaillant aussi comme agriculteurs ou éleveurs, ils avaient besoin de terres cultivables et de prés ; certains, comme le fit en 1458 le ferrier basque de Lherm Marti d'Espanha, dit Marti Gran, louèrent des parcelles situées à la limite du territoire pontcirquois. Il est en outre probable que la présence de minerai de fer sur celui-ci permit à certains de ses habitants de profiter du dynamisme des ferriers nouvellement installés dans le voisinage, dynamisme que quelques exemples suffisent à démontrer : en 1445, Jean de Cuzorn, de la mouline de Lherm, allait vendre son fer jusqu'à Figeac, tandis qu'un marchand de cette ville, spécialisé dans les baux à cheptel[24], faisait engraisser son bétail chez des ferriers de Thédirac et de Lherm.

Lorsqu'il acheta le Cluzel et les territoires qui en dépendaient en 1367, le collège Pélegry dut aussi reprendre à son compte le vieux conflit de juridiction qui avait jadis opposé les Roussilhon à l'évêque de Cahors. On arriva finalement à un accord le 26 mars 1463 : le prieur et les collégiats reconnaissaient la suzeraineté du prélat mais conservaient la basse justice sur les appartenances du vieux château du Cluzel, alors dénommé dans les actes « maison de Raymond de Babvielh, alias *lo Frances* » ; les Babvielh, peut-être originaires du Nord, étaient arrivés dans le pays à la fin du XIVe siècle avec un prénommé Jean, qui avait été pourvu du prieuré de Catus, et avaient donc ensuite acquis des biens au Cluzel. Le collège perdait Rostassac, qui revenait entièrement à l'évêque, tandis que Tourniac restait en indivis entre les deux parties. On note que quelques décennies plus tard, en 1504, Bertrand de Luzech, baron de Luzech, déclara que le collège tenait de lui le Cluzel et Tourniac : étrangement, il n'était plus question de l'évêque, ce qui laisse supposer que des procédures étaient intervenues entre temps et ce d'autant plus que le père de Bertrand, Guillaume de Luzech, avait été partie prenante de l'accord de 1463.

L'année suivante, le collège modifia la distribution de ses possessions du Cluzel avec les familles qui s'y étaient installées en 1452. Hugues Vincent, le natif de Toirac, était alors toujours vivant, tandis que ses deux compagnons

---

[24] Bail à cheptel : il s'agit d'un contrat par lequel l'une des parties donne à l'autre un fonds de bétail pour le garder, le nourrir et le soigner, dans le but de se partager les bénéfices de la vente des bêtes ainsi engraissé.

originaires de Gréalou étaient probablement décédés : la famille Besombes n'était plus représentée par Jean, dit Palatoc, mais par ses fils Pierre et Antoine, tandis que les Cambonis l'étaient par Jean, qui avait succédé à son père Pierre. Les appartenances du Cluzel ne s'étendaient alors plus que sur les paroisses de Pontcirq, Saint-Médard et Labastide-du-Vert. Le collège se réservait l'usage d'une partie de la « forteresse », avec la tour abritant le pigeonnier et l'*aula*, la salle noble. En 1497, le repaire était habité par un noble d'origine locale, nommé Bertrand de Cabasac et lié aux Molières, seigneurs de Labastide-Floyras.

Hormis les châteaux cités ci-dessus, il ne reste que très peu de traces architecturales de cette époque, mais l'on remarque néanmoins, au hameau du Causse du Cluzel, dont on ne sait à quelle époque il fut créé, une petite maison forte vraisemblablement construite durant la première moitié du XVIe siècle ; sa partie basse existe toujours et forme la base de la maison Chatain[25].

---

[25] Observations de Valérie Rousset, historienne de l'Art.

Chapitre V

Les guerres de religion

La période prospère et relativement calme qui succéda à la guerre de Cent Ans ne dura qu'un temps. A partir des années 1520 et 1530, la contestation de l'église catholique et romaine, menée par Martin Luther puis par Jean Calvin, prit des proportions jamais vues jusque là. La vague des idées protestantes se répandit rapidement et trouva un écho précoce dans la région de Pontcirq : un prêtre, nommé Lincolis, vint en 1542 aux Junies essayer de convertir la population aux nouvelles doctrines.

Les conceptions réformistes se répandirent ensuite au point de toucher toute la province : quatre prédicateurs qui œuvraient dans les campagnes du Gourdonnais furent arrêtés et emprisonnés au château de Mercuès en 1548, tandis que d'autres le furent peu après à Moissac. Malgré ces emprisonnements, le Calvinisme continua de s'étendre, touchant la région de Figeac et tout le Nord-Est quercinois en 1558, et se renforçant encore à Cahors, notamment au sein de l'université.

Les troubles commencèrent en 1560 : 300 réformés se réunirent à Cahors et parcoururent la ville en dégradant les églises et en maltraitant les religieux et leurs domestiques ; d'autres, à Montauban, s'insurgèrent et se rendirent maîtres de la ville.

Partout, la violence explosa et il ne fut plus question que d'églises pillées, de couvents ravagés et de prêtres battus. Le paroxysme de ces premiers désordres fut atteint le 16 novembre 1561 à Cahors, alors que Catholiques et Calvinistes étaient à couteaux tirés suite à plusieurs affrontements de rues : les seconds s'étaient rassemblés dans la maison d'Auricle, située à côté de l'église

Notre-Dame des Soubirous[26], pour écouter leurs prédicateurs ; un convoi funèbre catholique passa alors devant ce bâtiment pour se rendre au cimetière situé à proximité et aussitôt des injures furent échangées, ceux de la rue conspuant les « hérétiques », ceux de la maison d'Auriole raillant les « papistes ». Ces derniers résolurent alors d'enfoncer la porte du réduit protestant et de massacrer ses occupants : une trentaine d'entre eux furent tués.

Figure 12. Le massacre de Cahors (19 novembre 1561), par Jean-Jacques Perrissin.

A Fumel, les Protestants n'hésitèrent pas à égorger un noble local d'importance, François de Fumel, ancien ambassadeur du roi Henri II à Constantinople. De part et d'autre, des armées commencèrent à être levées et Blaise de Montluc, du parti catholique, débuta les grandes hostilités en allant assiéger Montauban en 1562. A partir de là, la région fut à feu et à sang : le Bas-Quercy tout d'abord et le reste de la province ensuite. La région de Pontcirq fut

---

[26] Ce sanctuaire se trouvait à l'emplacement du bâtiment le plus récent de la vieille emprise de l'Institution Notre-Dame, aujourd'hui Saint-Etienne. Il en subsiste encore quelques restes architecturaux au rez-de-chaussée, tandis que le cimetière qui lui était attenant fut partiellement dégagée à l'occasion de travaux effectués dans la cour de l'institution durant les années 1970.

particulièrement touchée par les opérations militaires durant les huit conflits qui opposèrent Catholiques et Protestants entre 1562 et 1598.

En 1562 notamment, les capitaines protestants Duras et Dubordet, cherchant à joindre le Bas-Quercy depuis la région de Cahors, prirent et pillèrent Castelfranc puis, remontant, s'emparèrent de Mercuès quelques temps après. Duras prit et ravagea ensuite Catus, le château de Péchaurié et certainement tout l'espace les séparant, au milieu duquel se trouvait Pontcirq. Les années qui suivirent virent les armées de l'un et l'autre bord parcourir le pays, toutes se livrant à des excès partout où elles passaient ; cette situation provoqua, de plus, une très forte augmentation du brigandage. Pontcirq se retrouva au plus près de la tourmente en 1579, lorsque les Réformés de la garnison de Tournon d'Agenais prirent Bélaye et de nombreuses églises de la région, d'où ils furent ensuite chassés par les troupes catholiques de Vézins, sénéchal du Quercy. La même année, Duras pilla le couvent des Cordeliers de Gourdon et en massacra tous les moines, tandis qu'un an plus tard, Henri de Navarre s'empara de Cahors suite à un assaut audacieux et plusieurs jours de combats ; Luzech et Albas étaient alors les refuges de l'évêque et des chanoines de la cathédrale. Bien que les divagations ne cessèrent pas, il fallut attendre le 10 juin 1589 pour qu'une nouvelle bataille d'importance marque la région avec l'attaque de Puy-l'Evêque par les Protestants, attaque qui échoua malgré les 130 coups de canons qui furent tirés sur l'église fortifiée du bourg.

Durant ces 36 ans de guerres intermittentes, certains Quercinois choisirent de quitter leur pays à feu et à sang plutôt que de continuer à vivre dans une insécurité constante. Olot, en Catalogne, fut une de leurs destinations. Cette ville était alors en pleine reconstruction après avoir été complètement ruinée durant les guerres précédentes ; il y subsistait de plus de nombreux quartiers qui, détruits durant les séismes de 1427 et 1428, n'étaient pas encore totalement reconstruits. Cet après-guerre du XVIᵉ siècle fut pour Olot une période de croissance et d'essor démographique importants. Quelques Pontcirquois y tentèrent leur chance : la famille Carbonier, par exemple, alla ainsi s'y installer vers le début des années 1560 : un des fils, prénommé Pons et âgé de 13 ans, fut en 1563 mis en apprentissage pour cinq ans chez un cardeur nommé Pere Llaurens ; quant à son père, Pierre, forgeron de métier, il était veuf et s'y remaria une première fois en 1571 avec une certaine Miquela, puis une seconde quatre ans plus tard avec la dénommée Eulàlia Plana de Scubos ; il mourut après 1598. Un autre de ses fils, Jean, forgeron comme lui, se maria en 1584 avec Maria, veuve d'un sabotier nommé Rafel Clopera.

Un autre forgeron pontcirquois, Raymond Vincent, fils de paysans, arriva probablement à Olot durant la même période que les Carbonier, car il s'y maria en juillet 1564 avec Catarina, fille d'un meunier nommé Marti Jos ; il fit son dernier testament en 1599.

Enfin, Grégori « Bosch » (Bach, probablement), charbonnier de profession et donné comme le fils de Bernat et Guilhelma, paysans, s'y maria une première fois en 1589 puis une seconde onze ans plus tard. Parmi les nombreux autres quercinois qui avaient émigré à Olot, on trouvait aussi un voisin de Lherm, Jean Berno qui, âgé de 17 ans, commença en juillet 1571 son apprentissage chez le forgeron Pere Piquenyol. Dans le faible échantillon donné ci-dessus, on note la relation quasi-constante des immigrés de la région de Pontcirq avec les métiers du métal : faut-il en déduire un rapport avec une situation locale devenue défavorable pour ces professions après plusieurs décennies d'essor de l'artisanat métallurgique, ou l'existence d'opportunités particulièrement intéressantes offertes à ces activités dans la ville catalane ? Les documents manquent malheureusement pour éclaircir cette question. Toujours est-il que la violence des guerres de religions qui se déroulèrent de 1562 à 1598 fut suffisamment forte pour inciter des Pontcirquois à s'expatrier particulièrement loin.

Chapitre VI

Les XVIIe et XVIIIe siècles

Des habitants pauvres, un territoire en mal d'unité.

En 1634, la paroisse de Pontcirq apparaissait comme particulièrement pauvre et peu peuplée. En effet, si l'on en croit un procès-verbal rédigé par Jean de Chauvac, conseiller du roi et assesseur de l'élection[27] de Cahors, on n'y comptait alors que vingt-cinq feux réels, ce qui semble extrêmement faible : en effet, même en estimant une moyenne de cinq individus par feu, le total de la population n'atteindrait que 125 personnes ; un coefficient plus élevé correspondrait peut-être à la situation particulière de Pontcirq, mais les éléments à notre disposition sont trop peu nombreux pour nous avancer plus loin en conjectures ; il reste que cet effectif semble anormalement bas.

Parmi les feux recensés, il n'y en avait que quatre ou cinq qui pouvaient vivre de leurs biens ; les autres étaient tous classés comme pauvres et les deux tiers d'entre eux étaient constitués par des familles de métayers et de journaliers. La situation de ces derniers était particulièrement précaire : le document nous dit ainsi « qu'ils sont contraints d'aller gagner leur vie au jour le jour, sans quoi ils mourraient de faim ». La valeur de la dîme attestait aussi de la relative pauvreté du lieu, car les meilleures années elle ne donnait que 2300 litres de blé environ, autant de méteil[28] et de 1600 à 2000 litres de vins.

Le cheptel bovin était à l'image du reste : on ne comptait que dix à douze bœufs de labour et une vingtaine de vaches. L'absence de véritable bourg

---

[27] Sous l'ancien régime, un pays d'élection était une généralité (circonscription administrative) où le représentant du gouvernement royal, élu par les Etats Généraux, répartissait les impôts avec l'aide des notables locaux.
[28] Méteil : mélange de céréales, blé et seigle le plus souvent.

centralisateur était certainement à l'origine de cet état de fait et les tentatives de repeuplement des XVe et XVIe siècles furent certainement moins soutenues ici qu'ailleurs ; ceci se comprend aisément car les paroisses limitrophes, pourvues d'agglomérations mieux placées, dotées de meilleures terroirs et de cours d'eau, ont probablement bénéficié de plus d'intérêts de la part des entrepreneurs. Bien que la documentation soit lacunaire, il apparaît que la famille de Molières, évoquée au chapitre précédent et qui fit beaucoup pour le repeuplement du pays, ne s'intéressa à la Bastide-Floyras que comme une extension de ses entreprises de Saint-Médard, bourg villageois correctement situé sur la vallée du Vert et dont il bénéficiait des bonnes terres. En fait, un simple regard sur la carte IGN de la zone montre que la paroisse de Pontcirq était cernée de villages offrant beaucoup plus d'avantages pour l'agriculture et l'industrie que n'importe lequel de ses hameaux : Labastide-du-Vert, petite localité elle aussi installée sur la vallée du Vert, disposait d'un moulin ferrier en plus de ses nombreuses parcelles bien irriguées par le ruisseau ; le petit bourg des Junies était lui aussi situé dans une vallée, celle de la Masse, dont le cours était parsemé, ici encore, de moulins ferriers. Un bon nombre des nouveaux exploitants de ces derniers s'installèrent à Lherm, au point que Jean Lartigaut parla de la « véritable colonie basco-béarnaise » qui s'y était fixée et que nous avons évoquée au chapitre précédent.

Les immigrés qui furent appelés au XVe siècle pour remettre en route l'industrie du fer dans la vallée de la Masse s'agrégèrent assez rapidement à la société locale : les plus riches d'entre eux s'allièrent par mariage avec des familles nobles de la région, tandis que d'autres se lancèrent dans l'élevage et achetèrent des biens fonciers, que ce soit des bories, des mas, des prés ou des vignes isolés. On note par exemple que Jean et Mathurin Forest, de la mouline de Rudo, paroisse de Montcléra, achetèrent 32 quartons de froment de rente à Pontcirq, rente qu'ils revendirent en 1502 aux prêtres obituaires de Lherm.

Figure 13. Maison du début du XVIIe siècle à Valdié.
(Cette petite maison, datée de 1604, n'avait qu'une seule pièce et était vraisemblablement un domicile de brassiers)

L'effort de repeuplement effectué dans les paroisses limitrophes et l'installation de dynamiques artisans créèrent certainement une force centrifuge qui amena de nombreux territoires pontcirquois, que rien ne centralisait vraiment sur les plans géographique et économique, à tomber dans l'orbite d'habitants des paroisses voisines. Il y a sans doute là le principal élément expliquant qu'au début du XVIIe siècle la plus grande partie du territoire paroissial était tenue par des gens des villages de Saint-Médard, Lherm, Les Junies et Labastide-du-Vert. Cette situation dura longtemps : en 1789, les habitants de Saint-Médard considéraient même que l'un des deux hameaux, Tourniac ou Rostassac on ne sait, faisait partie intégrante de leur communauté ; sachant cela, il est possible que le très faible nombre de feux recensés sur la paroisse en 1634 soit dû au fait que certains de ses hameaux aient été considérés comme relevant de communautés voisines.

L'exercice de la justice contribua aussi à ralentir la création d'une véritable communauté centralisée autour d'un village. En effet, la guerre de Cent Ans avait effacé les anciennes limites et rendu flous les droits des uns et des autres :

au XVIᵉ siècle, cet exercice était à la fois réclamé par l'évêque de Cahors, en tant que seigneur de Lherm, par les Guiscard de Cavagnac, barons de Thédirac, par les anciens seigneurs directs, c'est-à-dire les seigneurs de Luzech et, enfin, par les Molières de la Bastide-Floyras, qui devaient de plus faire face aux contestations de leurs cousins de Labastidette. En 1611, un arrêt du parlement de Toulouse donna raison aux Molières de la Bastide-Floyras, mais l'affaire se poursuivit et c'est finalement l'évêque de Cahors qui finit par remporter la partie. Pour les Pontcirquois, cela signifiait aller se faire juger non plus dans la paroisse mais à Lherm, comme l'atteste un document de 1672. Il est cependant possible que, quelques années plus tard, l'évêque ait fait tenir des assises à Pontcirq, car le juge qu'il désigna en 1681, Pierre Orcinal, était chargé de rendre la justice ordinaire à Pontcirq, Castelfranc, Prayssac, La Masse, Anglars, Lherm, Vaisse, Mercuès, Espère, Nuzejouls, Mechmond et Pradines.

Le prêtre Jean Vidal était le desservant de la paroisse en 1634. Il était alors en poste depuis suffisamment longtemps pour être capable d'attester des « meilleures années de la dîme ». Il avait vraisemblablement succédé à Pierre Carbonel, qui était en poste au début du siècle ; celui-ci était originaire de Gigouzac où sa famille était implantée depuis le milieu du XVᵉ siècle et où il était lié avec les Bousquet, seigneurs du lieu.

La charge d'agrandir l'église revint à Jean Vidal ou à l'un de ses successeurs ; l'édifice était devenu trop petit pour accueillir l'ensemble des fidèles qui subsistaient sur le territoire paroissial et l'on en perça le mur nord pour y adjoindre une chapelle qui doublait presque la capacité de contenance de la nef. C'est là le signe évident que la population augmenta considérablement durant tout le XVIIᵉ siècle pour se rapprocher petit à petit de l'effectif qui était le sien à la Révolution, soit 455 paroissiens pour 96 feux réels ; nous étions alors loin des 25 feux réels pour 125 individus de l'effectif de 1634[29]. L'édifice était toujours entouré de son cimetière, mais les seigneurs et quelques notables pouvaient encore se faire inhumer sous la nef, comme la pierre tombale de l'un d'entre eux, datée de 1760, en témoigne encore.

---

[29] Même si ce chiffre ne correspondait, semble-t-il, qu'à une partie de l'effectif des paroissiens.

Figure 14. Vue de face de l'église. Essai de reconstitution après les travaux du XVIIe siècle.

Figure 15. Vue de la chapelle construite au XVIIᵉ siècle.

La communauté.

La première mention d'une communauté organisée à Pontcirq date du premier quart du XVIIᵉ siècle, sans que l'on sache depuis quand elle était en place. A sa tête étaient placés trois consuls, dont l'un portait le titre de premier consul ; en 1634, il s'agissait de Pierre Bosc, Raymond Maury et Pierre Cantarel, ce dernier étant premier magistrat. Lors des décisions importantes, « la plus grande et saine partie » des habitants était convoquée pour former l'assemblée et délibérer ; les personnes les plus notables de la paroisse étaient alors Raymond de Bar, Benoît Maury le vieux, Pierre Maury, Pierre Besombes, Guillaume Fournié, Hugues Cambou, Jean Maury Dalhiot et Gary Ladet.

La paroisse ne disposait pas encore de cadastre, le premier n'ayant été réalisé que plusieurs années plus tard, et la répartition des impositions se faisait encore suivant « l'ancienne coutume de ladite paroisse qui est sur les vieux rôles ».

La majeure partie de la population était toujours constituée de paysans, qu'ils aient été propriétaires, métayers ou simples brassiers, mais la marche d'une petite communauté rurale de cette époque impliquait la présence de professionnels divers et variés : le sol rocailleux de la région usait rapidement les fers des animaux de traits et de bât, qui étaient régulièrement amenés aux maréchaux-ferrants, parmi lesquels était Pierre Cantarel, premier consul de 1634 évoqué ci-dessus et installé à Pontcirq. On trouvait aussi des tisserands, dont le dénommé Jean Landrevie, qui était peut-être parent avec le tonnelier Pierre Landrevie, fils d'un laboureur du Cluzel ; on peut noter que la famille Landrevie, originaire de Lacapelle-Bagnac, était venue s'installer à Tourniac à la fin du XVe siècle. Enfin, un certain Pierre Maury exerçait la profession de médecin.

Les actes d'achat, de vente et de contrat de mariage pouvaient être passés devant les notaires installés dans la paroisse, que ce soit Me Géraud Soucirac ou Me Traversier, du Cluzel ; ce dernier était issu d'une famille originaire de Vicdessos, dans les Pyrénées ariégeoises, dont un représentant était venu en 1444 se fixer dans la région pour y exercer le métier de ferrier ; sa descendance avait essaimé dans les vallées de la Masse et du Vert, ainsi qu'en Agenais et en Périgord. Malgré la présence pratique de ces professionnels du droit à proximité, les gens du cru préféraient souvent recourir aux services d'un notaire dont l'étude était suffisamment éloignée pour garantir un minimum de discrétion sur les affaires traitées : on confiait ainsi ses secrets aux notaires des Junies, de Castelfranc ou de Catus, les habitants de ces lieux pouvant en retour confier les leurs aux notaires pontcirquois. On comprend tout spécialement cette réticence des Pontcirquois à utiliser les services de Me Soucirac, par exemple, lorsque l'on sait qu'il avait des liens de parenté avec d'autres habitants de la paroisse.

Les relations personnelles ne dépassaient que rarement les villages environnants : les Pontcirquois et Pontcirquoises se mariaient avec des membres de leur communauté ou avec des habitants des Arques, de Lherm, Labastide-du-Vert, Mongesty, des Junies ou de Catus, ainsi que, mais de façon beaucoup plus marquée, avec des gens de Saint-Médard. Toutefois, les plus aisés des laboureurs allaient parfois plus loin chercher leur future épouse, comme le fit Antoine

Pezet, du bourg de Pontcirq, qui se maria avec une certaine Marguerite Bonnet, originaire de Vaillac ; la famille Pezet, domiciliée à Valdié, était particulièrement aisée si l'on en juge par le contrat de mariage souscrit en 1677 pour l'union de Pierre Pezet et de Marie Traversier, native du village de Gary, aujourd'hui commune des Arques : la dot de la future, en plus d'un trousseau assez conséquent, comprenait la somme, particulièrement importante pour l'époque, de 320 livres.

Les nobles allaient chercher leurs futurs conjoints dans une zone un peu plus vaste, mais celle-ci ne dépassait pas souvent les limites de la province : Jean d'Albareil, seigneur de la Bastide-Floyras, se maria par exemple avec une dénommée Claire de Landal, originaire d'Agen.

Les seigneurs.

En 1634, Louis de Vilaris était qualifié seigneur de Pontcirq ; on ne trouve nulle mention de seigneurs à Tourniac et au Cluzel, ce qui laisse penser qu'il n'y avait plus qu'une seule seigneurie directe sur le territoire, bien que les anciens tènements nobles du Cluzel, de Tourniac et de Rostassac relevaient toujours du collège Pélegry.

Louis de Vilaris était le fils d'un prénommé Jean à qui la seigneurie de la Bastide-Floyras avait échu après Antoine de Molières « noble », mort sans postérité. En 1634, les terres qu'il possédait sur le territoire paroissial étaient exemptes d'impôt, mais l'on ne se rappelait plus à quel titre elles étaient tenues pour nobles, marque visible des désordres engendrés par les événements des périodes précédentes. Derrière Louis de Vilaris se profilait déjà le futur seigneur de la Bastide-Floyras, son gendre Jean d'Albareil, qui possédait déjà en bien noble exempt d'impôts une métairie de labourage de deux paires de bœufs, accompagnée de bois et de vignes. Issu d'une famille de judicature gourdonnaise, Jean d'Albareil était conseiller du roi et lieutenant criminel au siège de Gourdon. Sa carrière judiciaire ne l'empêcha cependant pas, en 1639, de servir en Roussillon comme volontaire dans les armées du roi, alors en guerre contre l'Espagne. Son père François d'Albareil, docteur en droit, avait été avant lui conseiller du roi et lieutenant-général au siège de la sénéchaussée de Gourdon, comme d'ailleurs l'avait aussi été son père ; il était dit seigneur de la Poujade, Coupiac, Costeraste et Saint-Clair, et possédait des biens à Gourdon, Saint-Romain, Souillaguet et Montfaucon. Malgré les partages successoraux, les Albareil installés à Pontcirq conservèrent longtemps des biens dans le Gourdonnais ; ils se maintinrent à la Bastide-Floyras jusqu'au XVIIIe siècle.

A Labastidette se continuait la famille des Molières, dont plusieurs membres occupèrent des offices judiciaires ou financiers : Antoine fut conseiller au présidial de Cahors et l'un de ses fils fut président trésorier général de France au bureau des finances de Montauban. Son autre fils, Armand, fut greffier en chef de la cour des Aides de Montauban mais ne délaissa pas Labastidette, dont il agrandit la seigneurie en achetant, en 1640, la part du village de Tourniac que Jean de Giscard de Thédirac détenait pour la somme de 12 000 livres. Les Molières n'étaient déjà plus vraiment des gentilshommes ruraux, car la succession d'Armand, en 1668, nous montre que les biens fonciers ne constituaient pas tout à fait la moitié du patrimoine familial.

Armand s'était marié avec Anne de Vaxis, fille de l'un des régents les plus réputés de l'Université de Cahors, dont il avait eu deux filles ; l'une d'entre elles, Anne, hérita de tous ses biens et se maria avec un lieutenant particulier du présidial[30] de Cahors, Arnaud de Besombes. Selon Jean Lartigaut, celui-ci était peut-être lié à la famille Besombes qui, originaire de Gréalou, était venue s'installer au Cluzel au milieu du XVe siècle ; on sait en revanche de façon certaine que son grand-père était notaire à Luzech et que son père, licencié et avocat, se fixa à Cahors par son mariage avec une dénommée Jeanne de Lacoste, dont le père leur légua une maison à côté du palais de Via[31].

---

[30] Le présidial était un tribunal de l'Ancien Régime. Il y en avait généralement un par sénéchaussée.

[31] Le palais de Via est aujourd'hui occupé par la maison d'arrêt.

On note que les seigneurs de la Bastide-Floyras contestèrent en permanence l'existence de la seigneurie de Labastidette et il s'en suivit des conflits prenant parfois un caractère ridicule : dans l'église de Pontcirq, des bancs seigneuriaux furent déplacés et même sortis de l'édifice ; quant à la dernière représentante de la famille d'Albareil, elle alla jusqu'à déshériter un de ses proches parents au profit du baron des Junies de peur de voir les Besombes lui racheter la Bastide-Floyras.

Du mariage d'Arnaud de Besombes et d'Anne de Molières naquirent onze enfants entre 1649 et 1670, avec neuf garçons et deux filles, dont quatre d'entre eux seulement, dont les deux filles, parvinrent à l'âge adulte ; la petite dernière, Jeanne, fut baptisée à Pontcirq, tandis que la plupart des autres le furent dans l'église Saint-Barthélémy de Cahors. La fortune du couple venait surtout d'Anne de Molières : dans ce patrimoine, on distinguait en particulier les possessions situées à cheval sur les paroisses de Pontcirq et de Saint-Médard, avec le repaire de Labastidette, sa métairie et celle de Constant ainsi que quelques prés ; il y avait aussi des rentes à Tourniac.

Figure 16. Labastidette, façade sud.

Agé d'environ 65 ans, Arnaud de Besombes cessa ses activités au présidial de Cahors en 1669 puis se consacra avec sa femme à la gestion de sa fortune, qui était assez dispersée : en plus de ses biens et rentes de Pontcirq, il en avait à Pradines, Luzech, Gigouzac, Concots et Montcuq. Depuis Cahors où il résidait, il se déplaçait régulièrement, notamment à l'occasion des foires, pour aller faire les comptes avec ses métayers, traiter avec des artisans, percevoir des redevances, vendre des récoltes, etc.

Jean-Joseph, l'un des fils d'Arnaud de Besombes et d'Anne de Molières, partit à Paris en 1686 pour servir aux mousquetaires du roi ; son service l'amena en Allemagne en 1690, en Flandres en 1692 et outre-Rhin à nouveau l'année suivante. Il quitta l'Armée en 1694 et revint vers le berceau familial où son père, âgé de 81 ans, devait attendre de lui confier les rênes de son patrimoine. Ayant obtenu un poste de conseiller à la cour des Aides de Montauban, il mena ensuite une vie où l'on sentait l'influence du temps qu'il avait passé à Paris : il dépensait beaucoup pour ses habits et ceux de sa femme, recevait souvent et offrait à ses invités des mets de choix ; il voyageait selon son bon gré à Toulouse, Agen ou Paris et, enfin, jouait beaucoup. Il fit son testament à Labastidette, devant le curé de Pontcirq, le 26 mai 1710 et mourut peu après. Il semble avoir été apprécié dans la paroisse : les habitants de Pontcirq et de Tourniac n'étaient-ils pas venus à sa rencontre pour l'accueillir lors de l'une de ses visites ?

Sans postérité, Jean-Joseph légua ses biens à son frère Louis, dont le fils, Pierre-Louis, eut une vie singulière qui mérite d'être contée. Il naquit le 9 novembre 1719 à Cahors dans la vieille maison que sa famille possédait à côté du palais de Via[32] ; il fit ses études chez les Jésuites de Cahors puis, après avoir envisagé d'embrasser l'état ecclésiastique, fréquenta l'université cadurcienne où il obtint un doctorat en droit le 8 mai 1742 ; fort d'une grande culture, il parlait le

---

[32] Cette maison existe toujours. Propriété de l'institution Notre-Dame, nouvellement renommée Saint-Étienne, elle longe la rue de Via qui la sépare de la prison.

latin, le grec, l'anglais et l'italien et avait de solides connaissances en Hébreu. Trois ans plus tard, la mort de son père et son mariage avec Marie-Anne de Fornier le mirent à la tête d'une fortune considérable mais il ne sut résister à l'appel du libertinage et mena une vie plus ou moins dévoyée durant une quinzaine d'années ; cette intempérance eut des conséquences néfastes sur son activité de conseiller à la Cour des Aides de Montauban, charge qu'il avait obtenu en 1750.

Tombant gravement malade vers 1757 ou 1758, il fut alors frappé par la grâce et renia ses erreurs passées. Du fait de sa situation familiale et professionnelle, il ne pouvait quitter la société pour vivre en moine ou en ermite, mais il se composa alors une « cellule mentale », vivant de mortifications et de prières en suivant la règle des Chartreux. Il vécut ainsi durant vingt-cinq ans et composa le « *Transitus animae revertentis ad jugum sanctum Christi Jesu* »[33], œuvre théologique qui suscita les louanges unanimes du clergé, du Quercy jusqu'à Rome. Dès que son emploi du temps le lui permettait, il venait se ressourcer à Labastidette, où il laissa de nombreuses phrases bibliques inscrites sur les murs des différentes pièces de la maison[34]. Il fit aussi réaliser un verger assez admirable pour l'époque : à partir de 1757, il acheta des plans d'arbres fruitiers à Orléans et l'on trouva ensuite, sur les parcelles nommées la Pépinière, le Verger, le Vieux et le Nouveau Jardin, ainsi que le long du pré de la Garenne, plus de 69 variétés de pommiers, poiriers, pruniers, cerisiers, pêchers et brugnoniers.

Il finit sa carrière à la Cour des Aides comme doyen de cette institution. Il mourut à Cahors le 20 août 1783. Initialement enterré dans l'église du couvent des Capucins, son corps fut clandestinement soustrait aux profanations révolutionnaires et re-inhumé en 1793 dans la petite chapelle de Labastidette.

---

[33] « Passage d'une âme qui va reprendre le saint joug de Jésus Christ ».
[34] Elles ont malheureusement été effacées en 1922.

Seigneurs et paysans vivaient certes dans des milieux différents, mais ils faisaient partie du même monde et l'on ne doit pas être étonné de les voir entretenir des relations d'affaires où tous trouvaient leur intérêt. En 1737 par exemple, Louis de Besombes bailla à perpétuité à Jean Vilaris, un brassier de Saint-Médard, une terre en friche couverte de taillis et de bois entre Saint-Médard et Labastidette ; Jean Vilaris avait trois ans pour la défricher et la planter en vigne ; il devait en outre entretenir les murettes bordant le terrain et détruire celle qui le traversait pour en faire un cayrou ; quant à Louis de Besombes, il devrait faire labourer la parcelle dès qu'elle serait suffisamment dégagée. A partir de la septième année, Vilaris et Besombes se partageraient les récoltes à mi-fruits. Louis de Besombes octroya les mêmes conditions à trois vignerons de Pontcirq, Gizard, Vielcazal et Baladie pour une friche de taille plus importante située à Laromiguière, dans la même zone, mais leur consentit en plus la mise à disposition d'une charrette pour les aider à ôter les pierres du terrain.

Figure 17. La chapelle de Labastidette.

Une communauté qui se structure… Et s'ouvre au monde.

La guerre de Cent Ans, les aléas du repeuplement de la région et la disparition de lignages seigneuriaux au Cluzel et à Tourniac avaient modifié l'équilibre entre les différents hameaux de la paroisse : un grand nombre de terres, notamment périphériques, étaient tenues par des « étrangers » habitant les villages voisins, la population de chaque hameau avait vraisemblablement diminué et les anciennes chapelles seigneuriales étaient sans desservant. Le hameau de Pontcirq se retrouvait désormais au centre d'un ensemble qui, à défaut d'être plus cohérent qu'auparavant, n'avait plus que l'église paroissiale comme lieu de sociabilité commun, dont le siège de la dernière seigneurie directe était par ailleurs assez proche. Avec l'essor démographique qui se fit jour durant le XVIIe siècle, c'est naturellement qu'il conforta sa position centrale, même si celle-ci n'était que relative en regard de la modestie de la paroisse et des forces centrifuges qui, malgré tout, subsistaient.

Ces presque deux cent années furent riches en changements, tant au niveau collectif qu'individuel. L'exemple d'un groupe familial le met en évidence : vers 1630-1640, les Landrevie étaient des tisserands, des tonneliers et des laboureurs bien installés à Pontcirq et au Cluzel mais, cent cinquante ans plus tard, certains d'entre eux n'étaient plus que de simples brassiers. Cette période vit aussi l'ascension d'une famille qui allait dominer la vie de la paroisse, puis de la commune, jusqu'au milieu du XIXe siècle : les Devès. L'origine précise des Devès de Pontcirq n'est pas connue mais ils descendaient probablement de paysans enrichis de Saint-Médard : on sait qu'en 1765 les Devès habitant le Cayrou étaient l'une des deux familles les plus notables de cette paroisse. Des membres de la branche installée à Pontcirq fréquentèrent l'université de Cahors dès la fin du XVIIe siècle : Géraud Devès y obtint son baccalauréat en 1691 tandis que Guillaume la fréquenta en 1698 ; plus tard, Marc, qui fut collégiat du collège Pélegry, commença a en suivre les cours en 1726, y obtint son baccalauréat en 1730, puis sa licence trois ans plus tard ; un autre Marc

Devès y fut étudiant de 1738 jusqu'à l'obtention de son baccalauréat, en 1740, tandis que Jean, mentionné au collège Pélegry en 1734, fut bachelier en 1736 puis licencié en droit canon l'année suivante. Parmi les membres de cette famille pontcirquoise, beaucoup se tournèrent vers les carrières ecclésiastiques et l'on en retrouve ainsi trois d'entre eux qui se succédèrent à la tête de la paroisse de Saint-Quintin, aujourd'hui dans le Tarn-et-Garonne : Marc Devès (1715-1767), à qui succéda son neveu homonyme (1721-1786) et, enfin, le neveu de celui-ci, Antoine Devès (1759-1830), lorsque ce dernier prit ses fonctions en 1786, l'une de ses tantes, Suzanne Devès, était supérieure de l'école des Mirepoises de Lauzerte.

Alors que certains Pontcirquois confortaient leur position sociale, que d'autres luttaient contre la pauvreté ou simplement vivaient de leur travail au rythme des saisons, d'autres ressentirent l'appel du large et profitèrent des opportunités offertes par le Nouveau Monde. Le parcours le plus notable qui y fut réalisé fut certainement celui des Traversier. Le notaire Pierre Traversier, du Cluzel, mourut en 1713 en laissant onze enfants dont cinq fils. Parmi eux se trouvaient Jean-Jacques et François, qui émigrèrent aux Antilles, et Guillaume, qui tenta sa chance à Paris.

On ne connaît pas les débuts de Jean-Jacques Outre-Mer, mais toujours est-il qu'en juin 1736 il exerçait la profession de marchand à Sainte-Luce, sur l'île de la Martinique. Il épousa une fille de planteur, Marie-Thérèse Philippe, qui lui apporta deux esclaves en dot : Thérèse et son fils Antoine, qui étaient originaires de *Terre Ibo*, c'est-à-dire du Biafra actuel. On ne sait presque rien du parcours de son frère François, sinon qu'il fut certainement militaire, en garnison au Fort Royal de la Martinique et parrain de la première fille de son frère, née en 1739 ; dix ans plus tard, il avait à son service un jeune Africain de onze ans prénommé Achille et originaire du Congo.

Jean-Jacques et sa femme eurent quatre enfants : Marie-Thérèse, en 1739, Marie-Anne en 1741, Marie-Rose en 1743 et enfin un garçon, Dominique, en 1747. Deux ans après la naissance de ce dernier, ils décidèrent de revenir en France pour un séjour d'agrément qui ne devait vraisemblablement pas excéder quelques mois. Le couple et sa progéniture s'installèrent alors au domicile familial du Cluzel, où habitait encore la mère de Jean-Jacques. Dans les semaines qui suivirent, on s'occupa de baptiser le jeune Guinéen de quatorze ans que la famille avait amené avec elle ; la célébration eut lieu dans l'église de Pontcirq. Le jeune adolescent suscita certainement une grande curiosité auprès des habitants qui, pour la plupart, n'avaient jamais voyagé.

Ensuite, les chose ne se déroulèrent pas comme prévu : âgé de 58 ans, Jean-Jacques tomba malade et mourut en décembre 1751. Attendant vraisemblablement que ses enfants soient un peu plus âgés pour rentrer aux îles, sa jeune veuve créole décida de rester vivre au Cluzel mais, contre toute attente, elle s'éteignit à son tour le 25 juillet 1754, âgée de 33 ans seulement ; elle fut enterrée dans l'église Saint-Barthélémy de Cahors.

Les quatre enfants restèrent au Cluzel avec leur grand-mère, mais celle-ci rendit son âme à Dieu en janvier 1757 ; elle laissa tous ses biens à Dominique, le petit dernier. La fratrie vécut ensuite sous la tutelle de l'oncle François Traversier qui, revenu lui aussi des Antilles, était désormais installé comme bourgeois de Cahors.

L'aînée, Marie-Thérèse, fut mariée à Pontcirq en mai 1758 avec Joseph François Dominique Lavaur, juge royal de Villefranche-de-Périgord ; c'est dans cette ville que, deux ans plus tard, sa sœur Marie-Anne épousa Jean Laporte, avocat en parlement ; enfin, Marie-Rose se maria en 1761 avec un bourgeois de Belvès nommé François Del Cer. Quant à Dominique, il épousa à Pontcirq une certaine Catherine Laville, dont il n'eut pas d'enfant.

A la mort de leurs parents, les enfants Traversier récoltèrent chacun un quart de la succession. En France, celle-ci comportait notamment les domaines du Cluzel et des Miailles, près de Villefranche-de-Périgord. A la Martinique, il s'agissait de dettes actives, denrées et droits divers qui leur venaient de leur mère, et le tiers des biens de l'héritage grand-paternel, car l'aïeul était mort après sa fille, en mai 1764. Il leur laissa en particulier une plantation installée sur l'île de Sainte-Lucie et où l'on cultivait surtout du café, mais aussi de la canne à sucre, du coton et du cacao ; 35 esclaves y travaillaient.

Figure 18. Vue de l'île de Sainte-Lucie.

Les enfants Traversiers conservèrent naturellement des liens avec les Antilles où étaient encore une grande partie de leurs intérêts et où vivait toujours leur oncle Barthélemy Philippe. Les rapports qu'ils entretenaient avec ce dernier étaient surtout liés à leurs affaires communes, mais la cordialité n'en était pas absente, comme le montrent les envois de vin, de cuisses d'oies, de truffes et de raisins -qui supportaient d'ailleurs mal le voyage- qu'ils lui faisaient de temps à autre. Vers 1764, leur oncle manifesta le désir de venir leur rendre visite en France, mais il ne semble pas que l'entreprise se fit.

Si l'oncle hésita à traverser l'Atlantique, son neveu Dominique ne tergiversa pas : âgé d'environ 20 ans, il quitta le Cluzel entre 1764 et 1766 et partit outre-Atlantique gérer son héritage avec le désir de réaliser de fructueuses opérations dans le commerce du café. Durant son séjour, entre les courses qu'il fit ici et là pour ses affaires, il logea chez son oncle et une cousine à Sainte-Lucie. Il réembarqua en direction de Bordeaux en juillet 1767 pour y parvenir courant septembre. Son comportement durant ces quelques mois ne correspondit pas aux attentes de Barthélémy Philippe, qui affirma n'en être guère satisfait et s'en confia par courrier à Jean Laporte, le beau-frère de Dominique. Ce dernier ne survécut pas longtemps à son retour en France : il fit son testament en 1773 au Cluzel et légua tous ses biens à sa sœur Marie-Anne, charge à elle de les remettre à son fils Joseph-François-Dominique Laporte, dont il était le parrain. Vingt ans plus tard, ce jeune homme s'embarqua à son tour pour les îles, mais il y mourut d'une fièvre « putrive et maline » le 8 octobre 1789, après deux jours de maladie.

Un autre neveu de Dominique, François Del Cer, fils de sa sœur Marie-Rose, partit à son tour chez l'oncle d'Amérique et on le trouve résidant à la Martinique en décembre 1789. Convaincu de l'avenir du commerce aux îles, ce jeune homme ne semblait pas être inquiété outre mesure par les événements révolutionnaire qui survenaient en France, se contentant simplement de remarquer leurs répercutions aux Antilles, avec une certaine agitation des gens de couleurs. Il resta aux côtés de son oncle, célibataire et sans enfants, jusqu'à la mort de celui-ci, en 1797 ; avant de mourir, le vieux Barthélémy lui légua tous ses biens, évalués à plus de 190 000 livres, dont 52.2 % correspondaient à la valeur des esclaves employés sur ses domaines.

François Del Cer resta résider à Sainte-Lucie, mais il dut retourner en France soutenir un procès contre ses cousins Laporte et Lavaur qui, espérant mesquinement accaparer ce qu'il avait largement contribué à maintenir, lui contestaient son héritage. La loi étant pour lui, il remporta la partie sans difficulté et ses cousins durent abandonner leurs ambitions outre-Atlantique pour se contenter de l'héritage métropolitain des Traversier, dont faisaient partie le vieux repaire du Cluzel et son domaine.

Figure 19. Soldats français au Canada durant la guerre de Sept Ans.

D'autres Pontcirquois séjournèrent aux Amériques, mais d'une façon plus mouvementée en s'engageant dans les armées du roi déployées pour protéger les possessions françaises. Jean Vielcazal, dit « Lamuraille », était le fils de Guillaume et de Jeanne Besombes, du hameau de Pontcirq. Le 26 février 1756, âgé de 26 ans, il s'engagea au 2e bataillon du Régiment de Royal Roussillon, alors en partance pour le Canada où il devait faire campagne contre les troupes britanniques ; c'était l'époque de la guerre de Sept Ans. Jean Vielcazal resta combattre pendant cinq ans au Canada ; son bataillon, qui comptait 31 officiers et 525 hommes de troupe, participa notamment à l'attaque du fort Saint-Georges, ainsi qu'aux batailles de Carillon, Québec et Montréal.

La Révolution.

Au moment où la Révolution éclata, la paroisse de Pontcirq n'était pas parmi les plus pauvres de la région de Catus : la taille y rapportait en moyenne 2,96 livres par habitant, ce qui la situait dans le même groupe que les Junies, où elle en rapportait 2,93, ou de Mechmond où le chiffre était voisin, avec 2,92 ; ce rapport était légèrement supérieur au 2,62 livres par habitant de Montgesty, 2,63 de Nuzéjouls et 2,51 de Boissières par exemple ; il était en revanche beaucoup plus élevé que celui de Lherm, qui se situait à 1,26, mais très inférieur à celui de Labastide-du-vert, qui se montait à 3,30.

Durant les premiers temps de la Révolution, les représentants de la communauté s'assemblèrent, comme ailleurs dans tout le royaume, pour rédiger les doléances à envoyer au roi. Ils se nommaient Devès, Fournié, Marty, Fournier fils, Bouygues, Contou, Fabret, Andral, Crestou, Maury, Lafon, Vialard, Berrié, Lagarde et Bruniol ; ils désignèrent le dénommé Marc Devès, déjà cité, et un certain Milhet pour participer à la désignation des députés aux Etats Généraux. Les réclamations qu'ils formulèrent nous sont parvenues dans leurs grandes lignes : ils fustigeaient l'excès des impôts seigneuriaux et soulignaient la pauvreté des habitants, dont beaucoup étaient obligés – comme depuis deux siècles en fait – d'aller travailler comme brassiers dans les paroisses voisines ; ils demandaient aussi à ce que les biens nobles soient imposés de la même façon que les autres mais, signe visible du ressentiment existant envers les nantis, ils souhaitaient aussi que l'on taxe l'emploi des domestiques, la possession de chiens de chasse, de chevaux de selle et de voitures d'agrément, en bref « tout ce qui ne sert point à l'usage des pauvres et cultivateurs », afin de financer la construction de routes et l'établissement d'ateliers de charité. Le reste rejoignait des demandes générales, comme le vote par tête et non par ordre aux Etat Généraux, etc. Somme toute, les doléances pontcirquoises étaient assez communes.

Figure 20. Le Calvaire de Valdié.
(Edifié en 1771, la fine décoration de sa croix témoigne du savoir-faire de l'un des artisans du pays)

La confiscation des possessions de l'Eglise et leur transformation en biens nationaux fut décrétée le 2 novembre 1789. Malgré quelques déclarations d'intention, il ne s'agissait pas de permettre une quelconque redistribution des terres aux locataires ou aux métayers qui les exploitaient, ni de favoriser la mise en place d'une réforme agraire : ces biens nationaux étaient destinés à être vendus afin de récolter les sommes nécessaires au remboursement des emprunts contractés par l'Etat et au renflouement de ses caisses. Dans les faits, ces ventes provoquèrent un grand mouvement de transfert de propriétés de la noblesse vers la bourgeoisie ; hormis l'Etat, cette dernière fut la grande, sinon la seule, bénéficiaire de l'opération. En 1792, la confiscation fut étendue aux propriétés des nobles qui avaient émigré pour fuir la Révolution.

Figure 21. Linteau de porte à Tourniac.
(Il semble curieusement avoir été gravé deux fois à la date de 1791, endroit et envers)

Les biens de la cure de Pontcirq furent naturellement compris dans les terres confisquées. Parmi ceux-ci, il y avait un pré aux Roques (1 km N-NO de Labastide-du-Vert), mais bien qu'initialement mis aux enchères en mai 1791, il ne fut pas adjugé car on s'était entre-temps aperçu que l'on était allé un peu trop vite en besogne : le terrain en question n'était pas la propriété de l'Eglise, mais celle du curé de Pontcirq en tant que personne privée. La possibilité d'acquérir des terres à bas prix avait aiguisé certains appétits…

Le domaine du marquis de Touchebœuf-Beaumont, baron des Junies, fut concerné par le décret de 1792 car son propriétaire avait émigré un an auparavant pour rejoindre l'armée contre-révolutionnaire des princes, chose normale pour cet homme de 41 ans qui avait été page du roi à 15 ans et sous-lieutenant de dragons à 18. Ses possessions furent livrées aux adjudicateurs en 1794.

Les premiers de ses biens à être dispersés furent ceux situés sur le territoire des Junies, en septembre. L'ensemble fut divisé en 94 lots parmi lesquels 28 étaient constitués de bois, friches et taillis, 35 de prés, 14 de terres labourables et 7 de vignes ; un moulin et ses dépendances, une grosse propriété et une maison formaient chacun un lot particulier. Des Pontcirquois se présentèrent aux ventes dans l'intention de réaliser quelques bonnes affaires : Marc Devès fut le seul enchérisseur pour un bois de 51 ares planté à proximité du chemin de Tourniac, qu'il acheta pour 300 livres, mais il disputa les enchères d'un autre bois, de surface similaire et situé dans la même zone, à ses compatriotes Jean Pontié et Arnaud Vialard, associés pour l'occasion et qui finalement l'emportèrent pour le prix de 850 livres.

Parmi les Pontcirquois qui participèrent aux enchères, la veuve Lasudrie fut celle qui acheta le plus : représentée aux ventes par un mandataire nommé Antoine Burgalières, elle s'appropria deux lots de bois et de friches de 51 ares chacun pour la somme de 700 livres pour l'un et 760 pour l'autre ; dans la plaine bordant la Masse entre les Junies et les Verdus, elle emporta aussi deux lots de prés de 13 ares chacun pour 3020 livres ; dans la même zone, elle obtint 35 ares de terres labourables pour 1600 livres. Son mandataire parvint aussi, pour 2300 livres, à mettre la main, au lieu-dit la Ruette, sur une petite maison de deux étages avec un bout de terrain de 3 ares, et surtout, pour la somme conséquente de 24 020 livres, à acquérir une grande demeure avec écuries, basse-cour, viviers et jardins ; les terres de cette propriété étaient traversées par le cours de la Masse et la défuite du moulin, sur lesquels étaient posés trois ponts pour en permettre le franchissement. Au final, sur les 185 670 livres que rapportèrent la vente des biens nationaux confisqués au marquis de Touchebœuf aux Junies, plus de 18 % furent payés par des Pontcirquois.

En novembre, ce fut le tour des biens situés sur la commune de Pontcirq d'être soumis au marteau de l'adjudicateur. 60 lots furent constitués et classés de la façon suivante :

- Terres : .... 19 lots. En tout 10 ha.
- Bois : .... 4 lots. En tout 1,20 ha.
- Terres et bois : .... 11 lots. En tout 4,6 ha.
- Taillis : .... 2 lots. En tout 0,74 ha.
- Terres et taillis : .... 2 lots. En tout 1,47 ha.
- Vignes : .... 13 lots. En tout 8,48 ha.
- Vignes et friches : .... 2 lots. En tout 2,06 ha.
- Terres et vignes : .... 4 lots. En tout 2,11 ha.
- Terres, vignes et friches : ... 2 lots. En tout 1,85 ha.
- Un lot était constitué d'une grande maison avec ses dépendances, ses terres (9,60 ha), ses bois (4,13 ha) et ses vignes (5,52 ha).

L'ensemble des lots était dispersé sur le territoire communal, des Calvignacs à Labouyssette, mais on pouvait observer des caractéristiques communes à certaines parcelles suivant le type de culture qu'elles supportaient. En effet, excepté les terrains du dernier lot, les parcelles de vignes se distinguaient par une surface moyenne de presque un hectare, celles de terres par une étendue moyenne d'un demi hectare et enfin celles de bois faisaient environ 0,3 hectares ; ces éléments semblent indiquer une prépondérance de la culture de la vigne, tandis qu'ils mettent en évidence la position marginale des bois à cette époque où la majeure partie des terres étaient en culture.

Noms des acquéreurs	somme dépensée (en livres)	% du total	Nombre de lots acquis
Devès Marc	43 840	39,01	20
Devès cadet	6 370	5,67	6
Lafage Pierre	4 180	3,72	4
Pujols	2 900	2,58	3
Rosières François	2 630	2,34	2
Burgalières	2 360	2,10	2
Coymès Jean dit Janot	1 200	1,07	2
Castanié Jean	2 630	2,34	2
Pons	2 060	1,83	1
Jaubert Antoine	1 920	1,71	1
Chabert Antoine	1 820	1,62	1
Calméjane	1 560	1,39	1
Rosières Benoît	1 410	1,25	1
Girard Antoine	1 410	1,25	3
Pradié	1 100	0,98	1
Blanié	1 050	0,93	2
Pons Antoine (des Junies)	1010	0,90	1
Fournié	920	0,82	1
Delrieu	750	0,67	1
Cantarel	700	0,62	1
Lafage Jean	680	0,61	1
Salinié François	500	0,44	1
Cabanes	60	0,05	1
TOTAL	**83 060**	**100**	**59**

Tableau 1. Les acquéreurs de biens nationaux de Pontcirq en novembre 1794.

Marc Devès se tailla la part du lion dans ces ventes : il remporta les enchères du plus beau lot proposé, celui constitué par une grande maison avec cinq pièces à l'étage, un chaix, des caves, des dépendances[35] et une vingtaine d'hectares de terrains ; il acquit le tout pour 30 020 livres. Il mit aussi la main sur d'autres lots, dont les quatre de bois, les deux de taillis qui étaient situés à las Barthes, entre les Calvignacs et Labastidette, quatre de terres et bois du côté de la Vigne

---

[35] Il s'agissait de la maison où est aujourd'hui installée la mairie et connue comme la « maison Devès ».

Dalbos et à Labouyssette, quatre de terre dont deux étaient à la « Place des Noyers » et enfin 5 de vignes dont l'un était à las Bourios. Au final, Marc Devès mit la main sur 27,5 hectares de terrains divers, soit un peu plus de la moitié des 51 qui étaient proposés aux enchères.

Figure 22. Ruines du hameau des Calvignacs.

La vente des biens nationaux permit aux Pontcirquois de s'approprier un partie des biens détenus par des personnes extérieures à la commune et d'inverser quelque peu la tendance évoquée en 1634 en achetant à leur tour des propriétés dans les communes limitrophes, comme le montre l'exemple de la veuve Lasudrie avec les terres des Junies mais aussi, en septembre 1796, l'achat du presbytère de Lherm, avec son petit jardin et son terrain, par le Pontcirquois Pierre Maury. En revanche, on peut noter que seul un très faible pourcentage des biens pontcirquois du baron des Junies fut acheté par des personnes extérieures à la commune. On ne connaît malheureusement pas le décompte total des biens qui furent confisqués aux nobles émigrés sur la commune et l'on n'en trouve que quelques mentions ça et là, comme ceux d'Angèle Le Blanc, née Baufet, dont le quart fut saisi en raison de l'émigration de l'un de ses fils. Toutes ces sources, malgré leur faiblesse, semblent indiquer que les biens nationaux situés sur la commune furent essentiellement achetés par des habitants du cru.

Les documents sur les achats de biens nationaux sont fragmentaires, ce qui explique probablement le fait que nous n'avons pas trouvé trace de certaines familles aisées parmi les acheteurs. Nous pensons notamment aux Pezet, dont les ancêtres avaient déjà du bien un siècle auparavant. Vers 1790, ce groupe familial comportait plusieurs propriétaires, frères, oncles et neveux, installés au mas de Laborie et à la Crouzette, dont les possessions s'étendaient sur toute la commune et au-delà, à Saint-Médard en particulier ; la famille avait depuis longtemps essaimé dans les paroisses limitrophes en y plaçant ses filles et ses fils cadets, tous largement dotés et, encore à cette époque, les Pezet du Mas de Laborie et de la Crouzette avaient une sœur mariée à un gros paysan de Labastide-du-Vert et un frère installé comme propriétaire à Montgesty.

La vente des biens nationaux procura une grande satisfaction aux notables, mais malgré cela la farandole autour des arbres de la Liberté fut de courte durée : la jeune République Française devait faire face aux armées coalisées des monarchies d'Europe qui souhaitaient empêcher que le courant de révolte initié en France se propage dans leurs états. Pour pouvoir les combattre, après le départ des volontaires de 1792, la levée en masse fut décidée l'année suivante et permit de porter les effectifs de l'armée au chiffre, important pour l'époque, de plus de 800 000 hommes. Pontcirq, comme le reste du Quercy, participa à l'effort général : tous les hommes célibataires ou veufs sans enfants, âgés de 18 à 25 ans -45 pour les cavaliers- partirent aux armées ; dans la région de Cahors, ils furent même rejoints par des volontaires dont les 50 ans largement passés n'atténuaient en rien l'ardeur guerrière.

Tous les chevaux qui n'étaient pas indispensables aux travaux agricoles furent réquisitionnés, tout comme les ânes, les mules et le fourrage qui n'étaient pas strictement nécessaires sur place. La livraison de ces animaux et de ces biens, ainsi que leur prise en compte par l'armée, provoquèrent de nombreuses manifestations de mécontentement dans le département et certaines dégénérèrent en émeutes.

Ainsi commença une nouvelle période de guerres, qui allait durer plus de vingt ans. Durant les tous premiers temps du conflit, les soldats quercinois furent principalement envoyés à l'armée des Pyrénées, face à l'Espagne, mais cela ne dura pas car, bientôt, l'empereur Napoléon allait leur faire fouler les terres de l'Europe entière.

Chapitre VII

Le XIXᵉ siècle, temps des grands changements

Le XIXᵉ siècle fut celui où les campagnes de France subirent les plus grandes transformations de leur histoire. Les Pontcirquois étaient alors des paysans pour la majeure partie d'entre eux et, alors que ce siècle fut celui des débuts de l'exode rural, la commune comptait encore, en 1910, 90 chefs d'exploitations, tant grands que petits.

Vers 1850, ils produisaient du froment, du maïs, de l'orge et de l'avoine, labourant leurs champs à l'araire ou à la charrue suivant les possibilités de chacun et du terrain ; trente ans plus tard, l'instituteur Guillaume Lagarde fils précisait que les cultures du maïs et du blé venaient en tête et devançaient largement celles de l'orge et du seigle. Les arbres fruitiers étaient représentés par plusieurs variétés de pruniers, dont celle d'Agen, ainsi que par des pommiers (Reine Claude), poiriers, cerisiers, amandiers, abricotiers, etc. Il y avait aussi quelques cultures dédiées au textile avec le chanvre et le lin, tandis que celle du tabac avait disparu au profit de la vigne.

La vigne était la culture pontcirquoise d'importance : elle occupait le tiers de la superficie totale de la commune et produisait des vins rouges assez forts mais dont, selon les producteurs, « l'excédant alcoolique était tempéré par le moelleux qui les caractérisait et le bouquet qui les distinguait des vins de même degré ». L'âge d'or de la viticulture dura jusqu'à la grande crise du phylloxéra, qui détruisit le vignoble quercinois à partir de 1877. Dans la commune, cette maladie ne se propagea vraiment qu'après 1880, mais elle progressa très rapidement : en 1883, le vignoble pontcirquois n'existait quasiment plus, ce qui avait placé un grand nombre d'habitants dans la misère.

Le négociant en vin Sylvain Calméjane, dit Course, de Rostassac, était un homme prospère avant la crise mais il est probable que son affaire ne passa pas loin de la faillite au plus fort de celle-ci. Il réussit pourtant à rebondir et à relancer ses activités avec vigueur : son vin fut récompensé en 1894 par une médaille d'argent « grand module » lors d'un concours agricole régional. Il n'est pas certain que Sylvain Course se soit approvisionné dans sa commune dans les années qui suivirent la crise, mais il n'est pas interdit de le penser. Toujours est-il que quelques Pontcirquois réussirent à replanter et à produire ; tous avaient encore en tête les revenus que procurait le vignoble avant le phylloxéra et ils s'échinèrent à les retrouver.

Figure 23. Rostassac (années 1910-1920).

Afin d'éviter les fraudes, le gouvernement décida en août 1908 la création de zones d'appellation précises. Une grande partie du vin produit sur la commune était exporté vers Bordeaux où il était vendu comme « vin de Bordeaux », à l'égal de tous les vins du Lot, mais aussi de la Dordogne et du Lot-et-Garonne. Faisant suite à la volonté de l'administration, les producteurs de la Gironde décidèrent que seuls les vins de leur département pourraient bénéficier de l'appellation « Bordeaux » et firent pression pour que les autorités entérinent leur choix ; cela entraîna naturellement de fortes protestations dans les départements voisins dont les productions avaient jusqu'à présent bénéficié de ladite appellation. En mai 1909, le conseil municipal de Pontcirq protesta lui aussi, soulignant le fait que, durant la crise du Phylloxéra, le commerce bordelais n'avait pas hésité à s'approvisionner dans les provinces méridionales, en Espagne et au Portugal et à vendre leurs vins comme « vin de Bordeaux » ; il soulignait « qu'au fur et à mesure de leur reconstitution, il revenait aux vignobles des départements de l'ancienne province de Guyenne, dont Bordeaux était la capitale, de fournir à la grande consommation, au moyen de coupages loyaux et judicieux, le Bordeaux qu'elle réclame avec toutes les qualités qui en font le mérite ». Toutefois, malgré la résistance acharnée des producteurs du Lot-et-Garonne et de la Dordogne, les producteurs girondins finirent par avoir gain de cause en 1911. Cet épisode, intéressant pour l'anecdote, nous indique surtout qu'au début du XXe siècle les efforts réalisés par les Pontcirquois pour reconstituer leur vignoble avaient commencé à porter leurs fruits et qu'ils semblaient déterminés à les poursuivre.

Du fait de l'importance de la vigne et de la faible part des terres laissées aux céréales et aux pâtures, on trouvait assez peu de bêtes de sommes et d'animaux d'élevage comme le mouton. Hormis les bœufs, les Pontcirquois se servaient surtout de chevaux et, dans une moindre mesure, d'ânes et de mulets.

Les quelques terres qui n'étaient pas en culture étaient couvertes de bois où le chêne dominait, mais on y trouvait aussi des châtaigniers dont la production suffisait à la consommation locale, pourtant importante étant donné que la châtaigne était un fruit abondamment consommé, qu'elle soit bouillie, rôtie, transformée en pain ou en galettes. Le gibier était abondant, malgré les renards, belettes et autres fouines : lapins, lièvres, bécasses, perdrix, cailles, palombes amélioraient régulièrement l'ordinaire.

La commune abritait aussi quelques artisans et spécialistes dont le nombre varia peu tout au long du siècle : un tisserand, un tailleur, un aubergiste, un cordonnier, un tonnelier, un forgeron et un « expert », dont la spécialité reste inconnue. En 1850, seul un moulin faisait office d'établissement industriel mais, une trentaine d'années plus tard, on en trouvait deux : le moulin du Mas d'Ausse et le Moulin Haut. Ce monde était particulièrement actif et l'on a du mal aujourd'hui à imaginer l'activité qui régnait dans les campagnes d'alors et les pratiques qui la régissaient. Les terres changeaient de main assez fréquemment, notamment du fait des partages successoraux et des différentes affaires de famille, et les individus pratiquaient le crédit et la lettre de change entre eux, attestés par acte notarié, que ce soit pour les affaires immobilières ou pour d'autres achats moins importants, ce qui justifiait la présence de nombreux notaires dans les villages environnants. Ces pratiques ne manquaient pas, parfois, de susciter des problèmes entre créanciers et débiteurs ; ils étaient souvent réglés à l'amiable, les seconds accordant de façon informelle des délais de paiement aux premiers, mais les litiges devaient parfois être portés devant le juge de paix de Catus et, dans les cas les plus extrêmes, devant les tribunaux de Cahors.

La prédominance du monde paysan, qui dura tout au long du siècle, faillit cependant être remise en cause vers 1880, lorsque la Société d'Exploitation Minière du Lot fit une demande pour mettre en exploitation une mine de manganèse sur le territoire communal, mais cette demande fut rejetée le 20 mai 1880 par décret présidentiel.

Enfin, au milieu des habitants se distinguaient quelques personnes très pauvres ne pouvant subvenir seules à leurs besoins. Depuis 1796 leur prise en charge était du ressort du bureau de bienfaisance, placé sous la présidence du maire et dirigé par quelques notables de la commune désignés par le préfet ; ils décidaient des secours à attribuer et établissaient ainsi la liste des « indigents de la commune » : il s'agissait, généralement, de pères de famille pour une moitié et de vieillards et d'infirmes pour l'autre. En 1879, douze personnes bénéficiaient ainsi de ces aides mais, l'appauvrissement lié au phylloxéra faisant son œuvre, leur nombre passa à seize deux ans plus tard ; l'année suivante, le maire exprima d'ailleurs son inquiétude à ce sujet, car le nombre des pauvres ne cessait d'augmenter : les événements montrèrent que ses craintes étaient justifiées car les pensionnaires du bureau de bienfaisance étaient au nombre de 24 en 1891. Ce service s'occupait aussi des démarches nécessaires pour faire obtenir des allocations de l'État à certains de ses administrés dont les besoins excédaient ses possibilités ; en 1880, il présenta au Conseil Général une requête pour que soit versée à Catherine Poujade, une fille-mère, la somme de 180 francs correspondant à l'achat d'un appareil orthopédique pour son fils, qui avait été opéré d'un double pied-bot.

L'entrée de Pontcirq dans le XIXe siècle fut marquée par une affaire singulière : le 14 septembre 1800 le cadavre du métayer Jean Foures fut trouvé au fond du jardin de M. Dubreil, son propriétaire et par ailleurs officier de santé de la commune ; l'affaire était suspecte et l'on ne pouvait se fier, concernant les causes du décès, aux seules conclusions de M. Dubreil, aussi laissa-t-on le mort sur place et appela-t-on les autorités habilitées à procéder à une enquête en bonne et due forme. Le lendemain, le juge de paix du canton de Catus, Blaise Fournier, se présenta à 8 heures du matin au jardin pour y procéder aux constatations ; il était accompagné de M. Maury, son greffier, et de M. Drouilly, officier de santé de Lherm qu'il avait requis pour l'occasion afin de remplacer M. Dubreil, qui était le principal suspect de l'affaire. En fait, l'enquête et l'examen du corps montrèrent qu'il n'avait rien à voir dans la mort de son métayer car celui-ci était simplement décédé d'une « attaque de sang » en allant chercher des sarments dans sa vigne. Nul doute cependant que cette histoire, finalement sans importance, dut faire longtemps parler durant les veillées, qui constituaient la principale distraction régulière de l'époque.

La perte de la section de Brugoux.

L'un des changements les plus importants que connu la commune durant le XIXe siècle fut la modification de son étendue et de ses limites nord-ouest au profit de Lherm. En 1789, l'établissement des circonscriptions communales n'avait pas clarifié le vieux problème des limites des territoires paroissiaux qui existaient entre Pontcirq et les Junies d'une part, et Lherm d'une autre. Pour Pontcirq, la zone litigieuse était constituée par la section de Brugoux ; pour les Junies, il s'agissait de Lapoujade, Combe de Caus, Lafillou, Barbut et Reiberts ; les habitants de ces hameaux relevaient de la paroisse de Lherm et, de là, participaient aux impositions liées aux frais du culte qui y étaient levées. Cette situation anormale dura une quarantaine d'années sans soulever de problème majeur.

En 1840, un habitant de Brugoux nommé Pierre Andral refusa de payer l'impôt levé à Lherm pour les réparations de l'église et du presbytère et demanda à être rattaché à la paroisse de Pontcirq. Le fait que Pierre Andral soit connu comme un homme violent et chicaneur à l'excès ne posa pas de problème au conseil municipal pontcirquois, car sa demande constituait un bon prétexte pour essayer de clarifier la situation au profit de la commune : les élus affirmèrent ainsi qu'il était tout à fait anormal que des impôts regardant Lherm soient levés sur le territoire communal de Pontcirq ; donnant la leçon, ils précisaient que leurs concitoyens possédant des terres à Lherm y payaient naturellement les impositions relatives ; enfonçant le clou, ils indiquaient aussi le fait que, bien que des habitants des communes limitrophes aient des biens à Pontcirq, ils ne s'étaient jamais crû le droit de les imposer sur les territoires qu'ils possédaient ailleurs pour les besoin de leur propre église. Cette nouvelle intransigeance n'était pas dictée par un esprit de clocher mal placé, mais par le besoin de trouver des fonds pour les réparations importantes et coûteuses qui devaient être faites à l'église Saint-Pierre-ès-Liens : les élus louchaient sur les impôts du culte versés à Lherm par les habitants de Brugoux, mais aussi, certainement, sur ceux payés à Saint-Médard ou à Labastide-du-Vert par ceux de Rostassac et de Mas d'Ausse, qui y avaient leurs paroisses.

En voulant priver la commune de Lherm du revenu des impôts liés au culte perçus à Brugoux, le conseil municipal pontcirquois risquait fort d'aggraver la situation financière de son voisin. Or, Lherm avait déjà été défavorisé par le découpage communal de 1789 : son territoire était pauvre et moins étendu que celui de Pontcirq et, surtout, que celui des Junies, ce qui avait pour conséquence une faiblesse constante des revenus fiscaux ; en 1789 par exemple, le produit de la taille de Lherm était plus de deux fois moins élevé que ceux de Pontcirq et des Junies. Les parties n'étaient cependant pas encore prêtes à briser le *statu quo* et la situation en resta là durant une quinzaine d'années.

En 1856, la décision des élus pontcirquois d'engager d'importants travaux pour la réfection de leur église alarma certainement leurs homologues de Lherm. En effet, il y avait tout lieu de croire que, comme par le passé, les Pontcirquois allaient essayer de mettre la main sur les impôts du culte levés à Brugoux ; s'ils arrivaient à leurs fins, nul doute que leurs voisins des Junies obtiendraient la même chose, ce qui serait dramatique pour les revenus du culte de Lherm : en effet, si Brugoux ne comptait que 28 habitants, il y en avait 84 dans les hameaux des Junies concernés par ce problème. L'année suivante, devançant certainement l'attaque judiciaire de son homologue de Pontcirq, le conseil municipal lhermois manœuvra et fit en sorte que les habitants de Brugoux et de Lapcujade initient la demande de redéfinition des limites communales et, naturellement, appuya leurs revendications ; dans celles-ci, les réclamants affirmaient être trop éloignés des chefs-lieux de leurs communes respectives alors qu'ils étaient près de celui de Lherm, dont ils faisaient déjà partie de la paroisse, et qu'ils y avaient toutes leurs relations personnelles. En 1858, une enquête fut diligentée par le préfet et ses conclusions furent sans appel : si, à Pontcirq comme aux Junies, tous les habitants consultés se prononcèrent contre le projet de modification des limites communales, ce fut le contraire à Lherm tandis qu'un seul opposant se manifesta dans toutes les sections concernées ; quant aux conseils municipaux, ceux de Pontcirq et des Junies se prononcèrent naturellement contre et demandèrent le *statu quo*, tandis que celui de Lherm fut – c'était prévisible – éminemment favorable.

Les élus pontcirquois résistèrent en faisant valoir leurs arguments : contrairement aux allégations des réclamants, le hameau de Brugoux était beaucoup plus près de Pontcirq que de Lherm (1050 mètres au lieu de 1700 environ) ; il n'était d'ailleurs relié à ce lieu que par un mauvais chemin alors ses habitants pouvaient emprunter le chemin de grande communication n° 50 pour se rendre à Pontcirq ; ils précisaient aussi que les enfants indigents de Brugoux avaient profité de l'instruction gratuite délivrée par l'école pontcirquoise et donnaient d'autres informations de moindre importance.

Suite à l'enquête, une commission fut nommée et ses conclusions furent en faveur du projet ; elles furent ensuite présentées devant le préfet, qui suivit ses avis. Le conseil municipal de Pontcirq essaya malgré tout, le 11 mai 1859, d'étaler ses dernières cartes pour influer sur la décision finale des autorités : il expliqua que le détachement de la section de Brugoux allait totalement désorganiser sa commune et inciter les habitants de Rostassac et du Mas d'Ausse à demander le rattachement de leurs hameaux à Saint-Médard ou à Labastide-du-Vert. Efforts inutiles, car la cause était entendue et le conseil législatif, qui examina l'affaire le 14 avril 1860, reconnut valables les arguments présentés par la commission et prépara une loi amputant les communes de Pontcirq et des Junies d'une partie de leurs territoires respectifs afin de les adjoindres à celui de la commune de Lherm. Neuf jours plus tard, le sénat donna son accord au projet, suite à quoi l'empereur Napoléon III l'entérina le 9 mai courant. Pontcirq perdit ainsi tous les territoires situés à l'ouest de Tourniac et, surtout, l'ordre d'importance géographique des trois communes fut bouleversé. Un simple regard sur les chiffres suffit à la conclusion : la commune de Lherm était la grande gagnante de l'affaire.

Avant la réunion à Lherm des sections de Brugoux et de Lapoujade			
Commune	**Pontcirq**	**Les Junies**	**Lherm**
Population (hab.)	**528**	**886**	**769**
Superficie (ha.)	**1229**	**1388**	**945**
Après la réunion à Lherm des sections de Brugoux et de Lapoujade			
Population (hab.)	**500**	**802**	**881**
Superficie (Ha.)	**896**	**1250**	**1416**

Tableau 2. Conséquences du rattachement des sections de Brugoux et de Lapoujade à Lherm.

Le conseil municipal de Pontcirq prit acte de la décision impériale. Perdus pour perdus, il prit le parti de vendre à des particuliers tous les terrains communaux situés dans la section de Brugoux avant sa cession définitive à la commune de Lherm.

La population.

Au milieu du XIXe siècle, les contrôleurs des contributions directes jugeaient la population pontcirquoise « active et économe » mais « peu intelligente » dans son ensemble. Ils estimaient aussi que les maisons, construites assez solidement, « étaient mal tenues à l'intérieur ». Le fait que les habitants utilisaient quasi exclusivement l'occitan dans leur quotidien plutôt que le français, même s'ils l'entendaient très bien, ne prêchait pas en leur faveur auprès de ces fonctionnaires policés et issus de la ville pour la plupart.

En 1880, la vision de Guillaume Lagarde fils, l'instituteur qui tint l'école des garçons durant plusieurs décennies, était beaucoup plus favorable : « l'habitant de la commune de Pontcirq, d'une nature paisible, essentiellement laborieux et économe, se recommande par sa probité, son dévouement et sa généreuse hospitalité. Gardien sévère des usages de la famille, il n'est pas pour cela esclave de la routine et se montre docile aux progrès. Son bonheur comme aussi sa fortune, c'est la vigne qu'il cultive éloigné du fracas des armes, du bruit des villes et des intrigues du forum ». Alors que dans les monographies villageoises qu'ils avaient à rédiger, certains instituteurs laissaient apparaître leur mépris ou leur incompréhension vis-à-vis des ruraux, dans la sienne M. Lagarde faisait du Pontcirquois le Français idéal suivant l'opinion de son temps et de son milieu… Le fait qu'il soit lui-même originaire de la commune, propriétaire terrien qui plus est, était-il étranger à son jugement ? Toujours est-il que le sérieux de son travail fut reconnu car son œuvre fut parmi les premières à être récompensée lors de l'exposition de géographie qui se tint à Toulouse au mois d'août 1884.

Figure 24. Guillaume Lagarde fils vers 1885 ; il fut instituteur de Pontcirq de 1879 à 1909. *Coll. Montagne.*

Bien que la modernité fît une apparition soudaine, les vieilles croyances restèrent longtemps tenaces malgré ce qu'affirmait notre bon instituteur en estimant que les légendes étaient peu en vogues, sinon complètement oubliées. En effet, certains croyait encore celles qui parlaient de trésors merveilleux enfouis ici et là : l'antique château du Cluzel, complètement délabré, fut en 1880 vendu par le député Arthur de Valon[36] à un habitant du hameau ; celui-ci s'empressa de le démolir car il pensait y trouver un jeu de quilles en or qui y avait été enfoui, selon la légende, par l'un des anciens propriétaires après l'avoir ramené des Amériques, plus de cent ans auparavant : l'aventure des Traversier aux Antilles avait semble-t-il suscité quelques fantasmes… Est-il utile de rajouter que l'acquéreur ne trouva pas grand'chose ?

Les paysans pontcirquois, robustes, un peu rustres même, ne s'en laissaient pas conter par qui que ce soit et certains avaient le sang particulièrement chaud. Le juge de paix de Catus en fit les frais en 1801. Il y avait alors un tel juge dans chaque canton ; élu, il ne devait justifier d'aucune qualification particulière en droit et l'on retrouvait donc souvent à ce poste des personnes dotées d'une autorité morale locale et d'une situation sociale bien établie. Ces magistrats avaient pour rôle principal de régler les litiges de la vie quotidienne en privilégiant la conciliation entre les parties : petites affaires personnelles et mobilières, crédits impayés, conflits bénins entre particuliers ou, encore, contraventions de simple police. C'est dans ce cadre que, lors de ses assises du 27 août 1801, le juge de Catus eut à se prononcer sur un différent opposant deux cultivateurs de Tourniac, Jean-Pierre Bouygues et Benoît Peytavy ; après avoir entendu l'affaire, il donna raison au premier.

Agé de 58 ans, Benoît Peytavy n'était pas du genre à accepter d'être mis dans son tort lorsqu'il estimait avoir raison : il s'épancha crûment dans la salle d'audience, affirmant qu'il « se foutait du jugement », et que ce n'était pas la première fois que le juge lui « jouait le tour » ; une fois à l'extérieur, sa fureur ne fit qu'augmenter, répétant les mêmes propos avec rage. Après avoir inutilement

---

[36] Arthur de Valon fut représentant puis député du Lot de 1871 à 1889. Sous le second empire, il fit une carrière administrative qui le mena du secrétariat particulier du préfet des Hautes-Alpes aux postes de conseiller de préfecture de la Marne, puis du Lot. Fidèle au souvenir impérial, il fut un membre de premier plan du parti bonapartiste. Il se lia à Pontcirq en épousant Joséphine Lacoste de Fontenilles, fille du propriétaire de Labastidette. Celle-ci mourut assez jeune et Arthur de Valon se remaria en 1876 avec sa belle-sœur, Claire Lacoste de Fontenilles. Retiré de la vie politique après son échec aux élections de 1889, il mourut à Cahors en 1902.

essayé de le ramener à la raison en lui rappelant le respect dû à sa fonction, le juge lui ordonna de se rendre à la maison d'arrêt de Cahors... Bien évidemment, Benoît Peytavy ne s'exécuta pas et, quatre jours plus tard, ce furent les gendarmes de Castelfranc qui vinrent l'emmener en vertu du mandat d'arrêt délivré par le juge de Catus.

Il ne fut présenté que trois jours plus tard devant le consistoire du tribunal civil de Cahors pour y être interrogé ; passant devant le commissaire du gouvernement et le jury, il montra qu'il savait manier l'art oratoire autant que l'invective : à la fin de la séance, son accusateur fut à son tour accusé d'avoir insuffisamment instruit l'affaire et d'avoir commis un vice de forme dans la rédaction du mandat d'arrêt... De plus, nouvelle couleuvre à avaler pour le magistrat de Catus, le tribunal estima que, sur le fond, Benoît Peytavy ne méritait pas de peine afflictive et infamante et ordonna sa remise en liberté immédiate.

La propension qu'avaient certains à régler leurs problèmes de façon violente ne disparut pas avec les années. Une affaire de 1825 nous montre que les haines de voisinage pouvaient être tenaces et avoir des conséquences particulièrement graves. Tout semblait avoir commencé lorsque Pierre Andral, un cultivateur de Brugoux âgé de soixante ans, tua au fusil plusieurs pigeons appartenant à un membre de la famille Lapeyrade ; non seulement ce dernier porta plainte et le fit condamner mais, suprême injure, il lui fit en quelque sorte l'aumône en lui achetant du bois pour lui permettre de payer les frais de procédure. Dès lors, Andral voua une haine tenace à tous les Lapeyrade et ne manqua pas une occasion de leur nuire et de médire sur leur compte.

Le 1er août 1825, il affirma à Pierre Lapeyrade, frère de celui dont il avait tué les pigeons, que la mère du fils Grangié de Thédirac, qui fréquentait l'une de ses filles, était épileptique, sans que l'on sache si cela était effectivement vrai ; l'épilepsie était alors mal connue et considérée comme un état presque infâmant entraînant sinon un rejet, tout au moins une image négative. Pierre Lapeyrade le répéta à sa fille, qui en fut fort affectée et le répéta elle-même à ses deux frères, certainement pour qu'ils en touchent un mot à son promis dont la famille était ainsi mise en cause, ce qu'il fit ; les trois hommes résolurent alors d'aller donner une leçon au bavard. Le soir suivant, les fils Lapeyrade accompagnèrent ainsi le fils Grangié au hameau d'Oustal Sarré, chez Pierre Andral qu'ils rossèrent copieusement.

Le 31 octobre suivant, vers quatre heures de l'après-midi, les deux filles de Pierre Lapeyrade descendaient de Brugoux et se rendaient à Lherm pour aller à la messe et préparer les cérémonies de la Toussaint lorsqu'elles passèrent devant le domicile de Pierre Andral ; dès qu'il les vit, le sexagénaire les menaça et les accabla des pires insultes. Tandis que l'aînée des deux filles, qui avait dix-huit ans, lui tenait tête en lui demandant de cesser de les insulter, Marguerite, âgée de quatorze ans, remonta en courant vers Brugoux pour avertir son père.

Pierre Lapeyrade arriva et demanda des explications à Pierre Andral, qui lui expliqua sans la moindre gêne vouloir « moraliser les deux filles » puis, après avoir repoussé sa femme qui essayait de s'interposer, braqua un pistolet contre la poitrine de Lapeyrade et pressa immédiatement la détente, mais rien ne se produisit. Lapeyrade en profita pour désarmer son agresseur qui, tout en lui affirmant que l'arme n'était pas chargée, sortit un gros couteau de boucherie dissimulé sous sa veste pour le menacer à nouveau. Lapeyrade refusa de lui rendre l'arme et se retira prudemment.

Sur le chemin, voyant de la poudre qui sortait du canon et du bassinet[37], il arma le pistolet, le dirigea vers le ciel et tira. Le coup partit, ce qui montrait que Pierre Andral avait menti et qu'il avait réellement eu l'intention de le tuer. Revenant vers son agresseur, il laissa éclater sa colère et lui signifia qu'il allait porter plainte, ce à quoi Pierre Andral répondit en riant qu'il nierait tout et affirmerait que c'était lui, Lapeyrade, qui au contraire était venu essayer de le tuer chez lui… C'est effectivement ce qu'il raconta lors de sa première audition

---

[37] Sur les armes à feu à platine à silex, le bassinet contenait la poudre d'amorçage.

par les gendarmes, mais des témoins avaient tout vu et il fut rapidement confondu. Il fut alors incarcéré à la prison de Cahors mais on ne sait quel fut le résultat de son procès.

Sans aller aussi loin, les affaires de voisinage pouvaient simplement dégénérer en bagarres, comme ce fut notamment le cas en 1839 lorsque Baptiste Calméjane, en conflit avec les Coulon père et fils à propos d'un terrain, prétendit leur en interdire le passage et en vint aux mains avec eux ; ayant le dessus, il roua de coups de pied le plus vieux alors qu'il était à terre. On note à cette occasion que les femmes n'étaient pas en reste, car l'épouse de Calméjane et la fille Coulon envenimèrent la dispute par leurs insultes et on ne les empêcha qu'avec peine de se jeter des pierres l'une sur l'autre.

La violence de ces empoignades était parfois particulièrement prononcée, comme nous le montre une affaire de voies de faits assez graves qui troubla la commune durant l'année 1876. Les hommes aimaient beaucoup jouer aux cartes en misant de l'argent ; c'est ainsi que le dimanche 20 août 1876 vers deux heures de l'après-midi, le maçon Louis Chaussard, âgé de 45 ans, jouait devant sa maison, sise face à l'ancien cimetière, en compagnie de son beau-père, monsieur Marla, d'Antoine Lacombe, un propriétaire de Pontcirq âgé de 52 ans, et de Louis Albagnac, 30 ans, cultivateur du même hameau.

Bien que la mise soit faible, 5 centimes, la partie était acharnée et chacun des joueurs avait à cœur de la remporter. La conversation s'échauffa et prit un tour grivois et grossier, si bien que lorsque survint un différent au sujet d'une carte, Louis Albagnac s'emporta tout d'une pièce, bousculant et faisant rouler à terre le beau-père de Louis Chaussard ; ce dernier s'interposa et réussit à séparer les deux adversaires mais, au moment où tout le monde croyait l'affaire terminée, il reçut de Louis Albagnac un très violent coup de pied entre la hanche et la dernière côte, coup qui le fit vaciller en criant « je suis mort » avant d'être rattrapé dans sa chute par les témoins présents.

Sitôt des cris fusèrent : la fille Besombes, qui avait vu la scène, courut prévenir la femme de Chaussard en lui hurlant, affolée, qu'on « lui avait tué son mari ». C'est ainsi au milieu d'un brouhaha de pleurs et d'exclamations que, très mal en point, le blessé fut conduit au lit ; son état était suffisamment préoccupant pour que son comparse Antoine Lacombe, le croyant perdu, passe la plus grande partie de la nuit à le veiller. Le lendemain, le docteur Vaysset, de Prayssac, lui prescrivit la pose de 25 sangsues. Aucune côte n'avait été touchée et la blessure n'était pas éminemment grave, mais le médecin annonça que, le poumon et l'abdomen ayant été atteints, la guérison serait longue à venir.

Le curé vint au chevet du blessé et le trouva « bien mal », tandis que certains voisins le crurent moribond… Et pour cause car, douze jours plus tard, il avait encore du mal à quitter son lit et l'on commençait tout juste à percevoir une réelle amélioration de son état.

Louis Albagnac était connu pour son caractère violent et n'en était pas à son coup d'essai, s'étant trouvé impliqué dans de nombreuses rixes par le passé. Il était pauvre, épileptique et peinait à nourrir ses trois enfants, mais il bénéficiait néanmoins d'une réputation de bonne moralité qui pouvait jouer en sa faveur… Comble de malchance, cet espoir s'envola car il se fit prendre à voler un porte-monnaie dix jours après les faits ; il fut d'ailleurs amené à la gendarmerie pour ce larcin alors même que les gendarmes étaient en train de rédiger leur rapport sur l'affaire des coups et blessures.

Louis Albagnac expliqua son geste en invoquant les propos extrêmement grossiers que Chaussard avait prononcé sur « l'institution du mariage » ; cette explication dut sembler quelque peu légère à la maréchaussée, et ce d'autant plus que sa première cible avait été le beau-père, et non Chaussard lui-même. Malgré le caractère fumeux de sa justification, le tribunal ne le condamna, le 14 octobre suivant, qu'à seulement 15 jours de prison car son épilepsie joua en sa faveur. Cette peine s'ajouta néanmoins aux deux mois de prison qu'il avait pris le 31 août précédent pour le vol du porte-monnaie.

Un mois et demi après les faits, Louis Chaussard était encore faible et respirait difficilement. A la lueur des peines prononcées à l'encontre de Louis Albagnac, on note qu'il valait mieux, dans le Quercy de 1876, frapper un homme et le mettre hors d'état de travailler durant deux mois plutôt que de voler un simple porte-monnaie...

Les affaires de violences évoquées ci-dessus concernèrent des citoyens ordinaires, habitant la commune et y exerçant une profession, bref y vivant de la façon la plus normale qui soit. Il en allait autrement de certains qui sombraient dans la délinquance et menaient une vie dissolue comme celle, par exemple, de Jeanne Poujade. Née à Pontcirq, elle se maria avec Pierre Calmeilles, de Castelfranc, mais cette union fut un désastre car elle quitta son mari à plusieurs reprises pour vivre avec des amants et contracta de nombreuses dettes ; entre chaque échappée, elle revenait vivre un temps avec son époux et en profitait pour lui subtiliser des objets divers, qu'elle offrait ensuite à des amis. Agée de 23 ans, elle entama sa dernière aventure extra-conjugale courant 1881 lorsqu'elle rencontra un certain Eusèbe Labie, de six ans son aîné ; pour cette jeune femme perdue qui frôlait depuis longtemps les marges de la société, c'était la rencontre à ne pas faire : bien que boulanger de formation, son nouvel amant était un repris de justice qui passait pour avoir tué sa femme ; comme il était sans domicile fixe, Jeanne le logea dans la grange de l'exploitation familiale et en profita pour le faire rentrer dans sa maison sitôt que son mari partait aux champs. Le manège ne dura qu'un temps car, au matin du 23 août, Pierre Calmeille finit par les trouver au lit ensemble.

Probablement poussée dehors par son époux, Jeanne quitta le domicile conjugal ; elle en profita pour lui dérober une malle avec du linge, des vivres et, bien sûr, de l'argent. Avec son amant, elle commença alors une vie d'errance et vécut de petites rapines jusqu'en septembre 1882 ; les deux tourtereaux se spécialisèrent alors dans le vol de poules, qu'ils exercèrent dans une large zone comprenant Prayssac, Pescadoires, Duravel et Puy-l'Evêque.

Le succès de leurs petites entreprises malhonnêtes les encouragea très rapidement à passer à des proies de meilleur rapport que les gallinacés. Le 30 septembre, profitant certainement de ce que Jeanne connaissait bien les lieux, ils décidèrent de voler des brebis dans l'étable de la veuve Maradènes, qui vivait au Cluzel. Ils en prirent six, qu'ils menèrent de suite à Salviac pour les vendre à la foire. Mal leur en prit, car le prix anormalement bas auquel ils proposaient les bêtes parut suspect et ils se firent presque immédiatement repérer ; comme ils étaient déjà largement suspectés pour les vols de poules, ils devinrent la cible des différentes enquêtes de gendarmerie et furent rapidement confondus, ce qui les mena directement à la maison d'arrêt de Cahors.

Ces quelques exemples ne sont là que pour dégager un peu les traits extrêmes de la population pontcirquoise du XIXe siècle ; ils ne doivent pas faire oublier que la plupart des gens étaient surtout préoccupés par leurs affaires et leurs familles, et que l'on accordait certainement plus d'attention aux risques de gels tardifs, d'averses de grêle ou de maladies végétales qu'aux querelles de voisinage ou aux affaires de mœurs.

Démographie.

Les guerres de la Révolution et de l'Empire freinèrent considérablement le nombre des mariages au début du siècle : il n'y en eut que trois en 1810, aucun l'année suivante et un seul en 1812. La reprise vint en 1813, année où l'on en enregistra onze, mais elle resta fragile car il n'y en eut que deux en 1814 et six en 1815.

Début 1813, l'Empire était assailli de toutes parts et, le 11 janvier, il fut décrété la mobilisation de 350 000 hommes destinés à combler les pertes de la campagne de Russie, qui venait de s'achever tragiquement. Comme un peu partout en France, une grande partie des hommes appartenant aux classes concernées cherchèrent à échapper à l'enrôlement, et ce d'autant plus que le temps des victoires était passé. Le mariage était une solution pour s'y soustraire et c'est vraisemblablement ce qui explique la brusque hausse des unions de 1813.

Marier des hommes jeunes à des veuves bien dotées et ayant dépassé la soixantaine était une pratique courante, bien que non généralisée, dans le cadre des stratégies matrimoniales visant à agrandir les patrimoines paysans : le jeune homme ainsi marié pouvait compter sur un veuvage rapide qui lui donnerait la mainmise sur des biens de son épouse tout en lui permettant un remariage avec une jeune femme capable de perpétuer sa lignée.

Devant certains écarts d'âges particulièrement élevés, il n'est pas interdit de penser que quelques familles pensèrent qu'il fallait aussi profiter de l'absence des jeunes hommes qui, partis aux armées, n'étaient pas en mesure de s'opposer au remariage de leur mère veuve, remariage qui ne pouvait que les spolier d'une partie de leur héritage. La famille Fournié, qui était déjà aisée, parvint ainsi à faire convoler son fils Joseph-Bertrand, âgé de 28 ans, avec Antoinette Tourriol, veuve Caseton, qui en avait 61 ; quant au fils Peithavie, Pierre, jeune cultivateur de 25 ans, il épousa la veuve Vielcazal, Antoinette Delsol, qui avait déjà fêté ses 65 printemps. La palme revint au cultivateur François Cantarel qui, à 27 ans à peine, se maria avec Marie-Magdeleine Bruniol, son aînée de 48 ans. Pierre Chatain eut un peu plus de chance : âgé de 20 ans, il avait été réformé mais, les critères pouvant changer, la prudence s'imposait et sa famille lui fit épouser Marie Besombes, veuve Bach, qui n'était âgée que de ... 58 ans ; chance relative cependant, car il risquait fort d'attendre plus longtemps avant de se retrouver veuf et libre pour se remarier avec une jeunette.

Les quatre hommes purent ainsi échapper au service militaire pour un temps et, il est vrai, devinrent plus riches... Mais ils n'est pas interdit de penser qu'ils aient quelque peu envié Jean Pradié, un cultivateur de 31 ans qui s'était marié avec la petite Françoise Bladinières, de quatorze ans sa cadette, ou encore Jean Salinié, un autre modeste paysan dont l'épouse, Marie-Cécile Pradié, n'avait que 21 ans.

On peut observer à travers les mariages que la zone des relations familiales restait très locale : sur les 46 mariés des années 1810-1815, 35 étaient de la commune, 6 du canton, un de Prayssac et un de Puy-l'Evêque ; les plus éloignés venaient de Villefranche-de-Périgord pour une personne et de Sainte-Alauzie pour une autre. Parmi les différents témoins, un habitant du Vigan et un autre de Labastide-Murat nous montrent que les limites extrêmes des cercles relationnels se situaient aux alentours d'une trentaine de kilomètres.

Notable exception cependant, un prisonnier de guerre espagnol, Juan Palmes, originaire de Majorque et placé dans la commune, réussit à séduire Marie Blanié, fille du forgeron du bourg ; les deux fiancés réussirent à obtenir une dispense du ministre de la Guerre pour convoler, mais il est probable que ce ne fut pas la moindre des difficultés auxquelles ils eurent à faire face : non seulement le jeune homme était complètement étranger et analphabète, mais de plus, pauvre captif, il était sans le sou. Les parents de la jeune fille ne lui donnèrent probablement leur fille que parce que les deux tourtereaux avaient « fauté » et qu'il importait de résoudre le problème au plus vite. Le maire fut certainement surpris d'avoir à faire publier de tels bancs et il y fort à parier qu'il se renseigna sur le fiancé avant d'officialiser cette union inhabituelle : déjà, en 1811, il avait fait diligenter une enquête pour s'informer sur Joseph-Antonio Martinez, un prêtre espagnol placé en résidence surveillée dans la commune.

Juan Palmes s'installa comme modeste cultivateur au bourg de Pontcirq et y fit souche. Il se retrouva veuf assez tôt, en 1820, et c'est donc seul qu'il accompagna son fils Jacques, né en 1817, à la mairie lors de son mariage le 14 juin 1840 ; la modestie de la famille transparaît à cette occasion, car Jacques, petit paysan lui aussi, épousa Jane Albagnac, fille naturelle d'Antoinette Albagnac, sans qu'il ait été au préalable établi de contrat de mariage.

L'étendue géographique des relations personnelles des Pontcirquois ne fut pas réellement modifiée durant la décennie 1840-1850 : comme auparavant, on s'y maria surtout entre gens de la commune et du canton.

Avant leur noces, on envoyait parfois les filles célibataires travailler chez des connaissances de la région ; certaines jeunes Pontcirquoises allaient ainsi, par exemple, vivre jusqu'à Cazes-Mondenard pendant quelques temps.

Elles revenaient parfois au pays pour convoler, mais elles pouvaient aussi trouver un parti dans leur commune d'adoption, comme le fit Marie Labroue, une native de Lavaur[38] employée comme fille de service chez Madame Laporte, au Cluzel ; elle se maria avec Michel Delmas, un modeste paysan qui officiait aussi comme domestique dans le même hameau.

On note en 1849 le mariage de Guillaume Lagarde avec la fille des voisins de ses parents, Marie-Félicité Pezet, dont la famille était particulièrement aisée : son père était propriétaire et gérait la vieille exploitation de la Crouzette, tandis que ses deux oncles habitaient Labastide-du-Vert où il exerçaient la profession de pharmacien pour l'un et de marchand pour l'autre. Le jeune Lagarde était alors instituteur à Frayssinet-le-Gélat, mais il fut nommé à Pontcirq trois ans plus tard. Son fils, prénommé Guillaume-Marc-Paul, y naquit en 1855 et, devenu adulte, devint à son tour l'instituteur de l'école des garçons ; c'est lui qui, en 1880, posa les premiers jalons de l'histoire pontcirquoise en rédigeant la monographie de la commune commandée par le ministère de l'Instruction Publique.

Il n'y eut pas d'évolution notable après 1850 : les filles des propriétaires étaient mariées à des paysans aisés d'Albas, de Saint-Vincent-Rives-d'Olt, de Luzech, de Soturac ou de Dégagnac, montrant ainsi que le champ des relations habituelles ne dépassait pas cet espace relativement proche. Cette endogamie n'avait rien d'exceptionnel : on la retrouvait dans le reste du département et notamment à Douelle, dont l'évolution démographique a fait l'objet d'une étude plus détaillée réalisée par Jean Fourastié ; celui-ci a en particulier remarqué que ce phénomène était aussi fort que dans les vallées pyrénéennes et alpines.

---

[38] En Dordogne.

Figure 25. Le sergent-major Jean-Pierre Pradié, vers 1885.

Quelques jeunes du canton, aisés ou modestes, choisirent de quitter la terre pour servir dans l'armée : Jean-Pierre Pradié, fils d'un propriétaire de Pontcirq, s'engagea et progressa jusqu'au grade de sergent-major ; il servit suffisamment longtemps, participant certainement aux nombreuses campagnes de l'époque, pour se retrouver titulaire d'une pension de retraite à 31 ans ; bon soldat, il fut décoré de la Médaille Militaire, jeune décoration créée en 1852 par Louis-Napoléon Bonaparte pour récompenser les hommes de troupe et les sous-officiers[39]. Il se retira à Pontcirq et s'y maria en 1860 avec Marguerite Soulayres,

---

[39] Le Prince-Président institua cette décoration par décret du 22 janvier 1852. Le 22 mars suivant, face au carrousel du Louvre, il s'adressa en ces termes aux 48 premiers récipiendaires : « *Soldats, combien de fois ai-je regretté de voir des soldats et des sous-officiers rentrer dans leurs foyers sans récompense, quoique par la durée de leurs services, par des blessures, par des*

fille d'un propriétaire des Junies. Quant à Barthélémy Gigounoux, de Mongesty, il servait encore, bien qu'âgé de 35 ans, comme simple soldat au 60ᵉ de ligne lorsqu'il épousa Marie Chaunu, fille d'un paysan aisé pontcirquois.

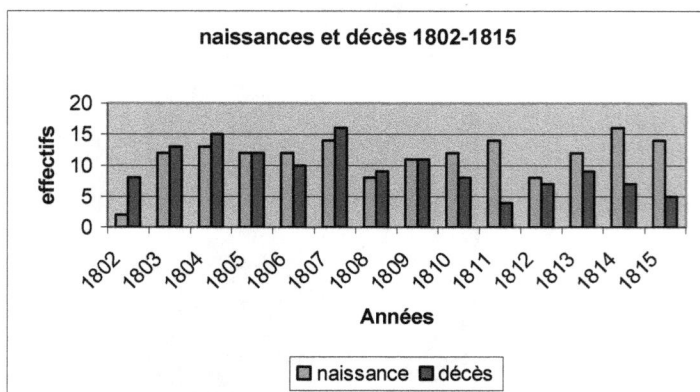

naissances et décès 1802-1815

effectifs

Années

naissance   décès

Graphique 1. Naissances et décès à Pontcirq (1802-1815).

La population était alors en constante augmentation : de 455 habitants en 1787, elle passa à 553 en 1810 puis à 582 quarante ans plus tard. Il est cependant à noter que le solde démographique fut négatif entre 1833 et 1842, où il n'y eu que 94 naissances pour 98 décès, mais il s'agit d'une exception qui, bien qu'importante, ne remet pas en cause la principale explication de l'accroissement démographique de la commune : de 1802 à 1815, on eut ainsi 160 naissances pour 134 décès, tandis que les chiffres furent de 122 pour 95 entre 1853 et 1862. Les années où il y avait moins de cinq accouchements étaient assez peu fréquentes : il y eut 2 nouveaux-nés seulement en 1802, 3 en 1833 et 5 en 1837 ; le chiffre normal se situait entre 8 et 12 naissances par an, mais il y en eut parfois jusqu'à 17, comme en 1842.

---

actions dignes d'éloges, ils eussent mérité un témoignage de satisfaction de la patrie ! » « C'est pour le leur accorder que j'ai institué cette médaille (...). Elle assurera 100 francs de rente viagère ; c'est peu, certainement ; mais ce qui est beaucoup, c'est le ruban que vous porterez sur la poitrine et qui dira à vos camarades, à vos familles, à vos concitoyens que celui qui la porte est un brave (...) »

Naissances et décès 1833-1842

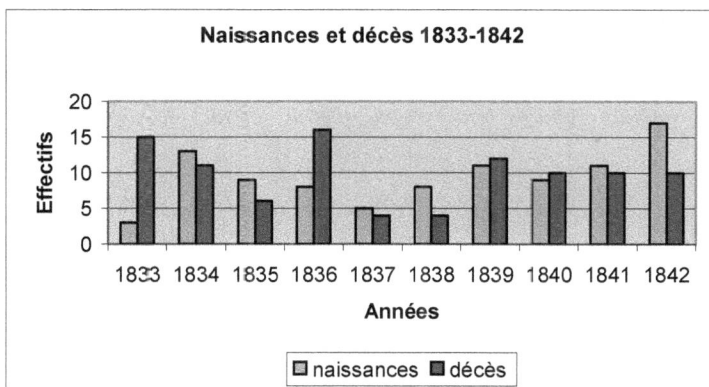

Graphique 2. Naissances et décès à Pontcirq (1833-1842).

Naissances et décès 1853-1862

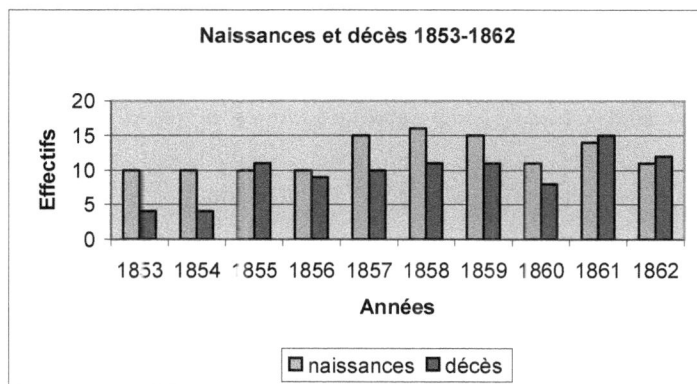

Graphique 3. Naissances et décès à Pontcirq (1853-1862).

Les taux de moralités infantile et juvénile étaient particulièrement élevés. Ainsi, en 1810, si Françoise Delsol de Labastidette atteignit l'âge, déjà respectable pour l'époque, de 85 ans, il y eut cinq enfants de moins de un an sur les six décédés de l'année ; ils avaient respectivement 2, 10 et 20 jours et 10 et 13 mois. Seuls quatre individus disparurent l'année suivante : parmi eux, on comptait une personne ayant atteint l'âge très avancé de 94 ans, Jeanne Gizard du Cluzel, et à l'opposé un nouveau-né, Antoine Andral, de Brugoux, qui vécut moins d'une journée, et un nourrisson, Sophie Fournié, du Cluzel, morte à 14 mois. Cette situation perdura longtemps car il fallut attendre la fin des années 1830 pour voir la situation s'améliorer franchement :

en 1840, la proportion des moins de cinq ans avait nettement diminuée parmi les décédés, car on n'en trouvait que deux, âgés de 2 et 4 ans, sur les dix morts de l'année ; il n'y en eut même aucun en 1848, mais il ne s'agissait encore que d'une exception notable. Cette tendance à la baisse se poursuivit durant les décennies suivantes : en 1856, il n'y eut qu'un enfant sur les six morts de l'année, le petit Guillaume Vialard, de Tourniac, qui n'avait vécu que 4 mois ; en 1860, si l'on excepte l'enfant mort-né chez les Bourdon, des Souleillous, il y eut huit décès dont un seul jeune, la petite Eulodie Grins, du Cluzel, qui venait tout juste de fêter son premier anniversaire. Ainsi, jusque durant les toutes premières années du XXe siècle, il y avait en moyenne un enfant de moins de un an qui décédait chaque année dans la commune.

Les documents de 1901 et 1902 nous montrent la situation locale d'un fait bien connu par ailleurs, à savoir que les tous premiers jours, voire les toutes premières heures étaient les plus risqués pour les nouveaux-nés : aucun des enfants décédés durant cette période ne dépassa les 14 jours. Un exemple met d'ailleurs bien en évidence les risques de l'accouchement tant pour le nouveau-né que pour la mère : à Lauzadie, la petite Maria Bouygues ne vécut que six heures, tandis que sa mère Marie Granié, une native de Thédirac mariée à Jacques Bouygues, ne put se remettre de l'accouchement et mourut onze jours plus tard.

Malgré les forts taux de mortalités infantile et juvénile, au XIXe siècle comme au précédent, les enfants qui survivaient à leurs premiers mois pouvaient espérer vivre relativement vieux si aucun accident ou maladie grave ne survenait ensuite. Déjà, durant les années 1810, il n'était pas rare de voir des individus atteindre plus de 80 ans : en 1811, Jeanne Gizard, citée plus haut, mourut même à 94 ans. L'âge moyen du décès des Pontcirquois qui dépassèrent les 60 ans était de 77 ans en 1814 (6 des 7 décédés de l'année), 78 en 1840 (5 des 10 décédés de l'année), 74 en 1848 (10 des 11 décédés de l'année), 77 en 1860 (6 des 9 décédés de l'année), 73 en 1871 (6 des 12 décédés de l'année), 74 en 1892 (7 des 9 décédés de l'année) et 79 en 1901 (9 des 10 décédés de l'année).

Le tournant démographique se produisit à partir des années 1870-1880. Jusque-là les naissances avaient presque toujours excédé les décès et la population était en constante augmentation, mais la révolution industrielle et son corollaire inévitable, l'exode rural, provoquèrent le départ des jeunes et, de là, une chute des naissances. Alors qu'il n'était auparavant pas rare d'avoir plus de dix nouveaux-nés dans l'année, et qu'ils n'étaient que très exceptionnellement moins de cinq, le chiffre plafonna à un maximum de neuf entre 1883 et 1892 et de six entre 1893 et 1902. Les premiers effets de ces changements se firent rapidement et assez brutalement sentir, probablement à cause de la crise du phylloxéra qui entraîna de nombreux départs : de 582 habitants en 1850, la population pontcirquoise était déjà passée à 528 âmes 10 ans plus tard ; même si l'on observe ensuite une franche remontée qui, partant de 500 habitants après la perte de la section de Bragoux, l'amena à 543 individus en 1884, il reste que les éléments concourant au vieillissement de la population étaient bien en place : la commune perdit plus d'une centaine d'habitants dans les vingt ans qui suivirent puis, le mouvement s'accélérant, autant entre 1900 et 1914.

La modernisation et les progrès des communications agrandirent l'horizon des Pontcirquois. De nouvelles carrières, loin de la terre, devenaient aisément accessibles : certains réussirent à entrer dans l'administration, les chemins de fer, etc. Baptiste Vialard, par exemple, fils de petits cultivateurs du Mas de Vergne, fit une partie de ses études au lycée de Rouen avant de rentrer comme employé aux chemins de fer de l'Etat ; il fut affecté dans le Maine-et-Loire, à Noyant puis à Saumur. Malgré ses fonctions lointaines, il garda de puissants liens avec sa commune d'origine et il revint s'y marier le 1er avril 1894 avec Marie Landrevie, de Tourniac. Jules Soulié fit de même dix ans plus tard ; il était né dans le Gard, ce qui laisse penser que son père avait été au service de l'Etat avant lui mais, quoi qu'il en soit, ses parents, probablement à la retraite, étaient revenus habiter les Junies au moment de son mariage ; gendarme en poste à la brigade de Palasca, en Haute-Corse, il se maria à Pontcirq avec Alexandrine Belarbre, fille de propriétaires du Cluzel, le 10 avril 1904.

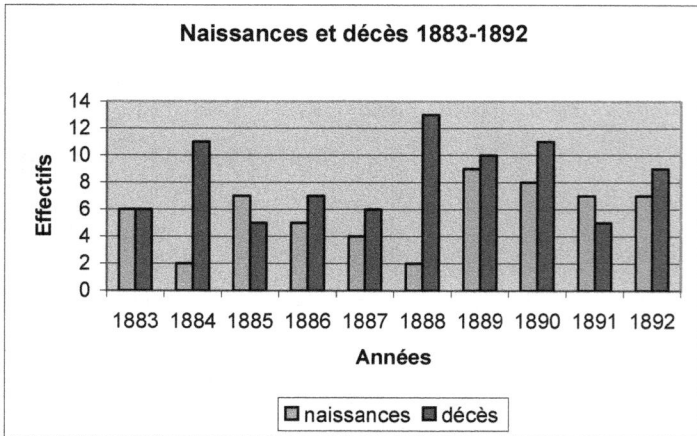

Graphique 4. Naissances et décès à Pontcirq (1883-1892).

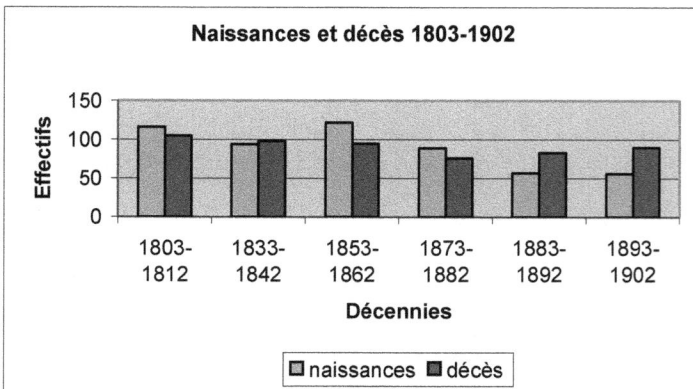

Graphique 5. Naissances et décès à Pontcirq (1803-1902).

Dans certaines familles disposant d'un minimum d'aisance, il devint normal de placer les jeunes femmes encore à marier non plus chez des alliés de la région, mais à Paris comme fille de maison chez quelque connaissance. Marie-Juliette Baldy et sa sœur cadette Marie-Paule furent ainsi envoyées dans la capitale par leurs parents, propriétaires au Cluzel. Durant leur séjour, l'aînée rencontra puis fréquenta un jeune Quercinois originaire de Saint-Denis-lès-Martel, nommé Jean Chabois, qui travaillait à la préfecture de police ; gagnée par la liberté parisienne, elle présenta son projet de mariage à ses parents, qui ne pouvaient que désapprouver le fait que leur fille veuille se marier avec un simple employé, fils de simples paysans de surcroît, de telle façon qu'ils ne puissent que l'accepter et donner leur accord. S'étant fait forcer la main, ils refusèrent cependant de dilapider le patrimoine familial en lui donnant une importante dot, désormais inutile étant donné qu'elle s'était laissée séduire par le premier venu et que celui-ci ne devait pas compter s'enrichir dans l'affaire… Toutefois, par fierté ou par amour, les époux Baldy ne laissèrent pas leur fille sans rien car ils décidèrent malgré tout de la doter, mais si modestement qu'il ne fut même pas fait de contrat de mariage. L'union fut finalement célébrée à Pontcirq le 23 mars 1894. Le père Baldy fut échaudé par cette mésaventure : craignant que sa cadette ait elle aussi un peu trop goûté la liberté de la capitale, il s'empressa de lui trouver un bon parti dans la commune avant qu'elle ne jette son dévolu sur le premier beau parleur venu ; il arrangea ainsi son mariage avec Joseph-Antoine Besombe, un garçon qui, issu d'une famille estimée, possédait une belle propriété à Rostassac, dont il était aussi le receveur-buraliste. Les détails réglés, la dot – conséquente cette fois – fixée et le contrat de mariage signé, on put procéder à l'union des deux jeunes gens le 25 avril 1894, soit un mois presque jour pour jour après celle de la sœur aînée.

Marie-Juliette et son époux, qui n'avaient aucun avenir à Pontcirq, repartirent naturellement à Paris et s'installèrent dans le XVIIe arrondissement ; il est cependant probable que les ponts ne furent pas coupés entre la jeune femme et sa famille. Deux ans plus tard, un fils vint combler le foyer Chabois ; il passa son enfance dans la capitale mais resta en contact plus ou moins régulier avec sa famille maternelle ; en effet, une fois devenu un jeune adulte, il quitta les berges de la Seine pour venir s'installer comme cultivateur à Pontcirq, démarche qui ne fut possible que s'il savait pouvoir y compter sur un peu d'aide. Il ne profita cependant que peu de temps de ce retour au pays ancestral car, mobilisé, il fut tué en janvier 1917 à Verdun, sur la côte 304.

L'année 1894 fut la grande année nuptiale des Pontcirquoises « parisiennes ». En effet, après les sœurs Baldy, ce fut au tour de Zoé Ricard de convoler. Déjà âgée de 30 ans, elle résidait au 18 de la rue Oberkampf dans le XIe arrondissement ; à Pontcirq, ses parents étant décédés, c'est son frère Antoine qui se trouvait à la tête de la propriété familiale. Celle-ci était probablement assez importante, car non seulement les Ricard étaient aisés, mais de plus la mère d'Antoine et Zoé était issue de la famille Devès, une des plus notables de la commune. A Paris, la jeune femme rencontra un Aveyronnais, originaire de Najac, qui travaillait comme employé à la compagnie des chemins de fer d'Orléans et avec qui elle décida finalement de se marier. Consulta-t-elle son frère à ce sujet ? On ne le sait mais il fut certainement favorable au projet : d'une part sa sœur était maintenant trop âgée, et certainement trop parisienne aussi, pour espérer faire un « bon » mariage dans le pays, tandis que, d'autre part, le fait que l'union soit déjà décidée, avec un garçon modeste de surcroît, signifiait qu'il n'aurait pas besoin d'amputer son patrimoine pour doter sa sœur. Les deux fiancés n'ayant ainsi que peu de biens, il ne fut pas utile de faire un contrat de mariage. C'est ainsi probablement satisfait, tant de la santé de ses finances que du futur bonheur de sa sœur, qu'Antoine accepta d'être son témoin et apposa sa signature sur le registre, le 19 mai 1894 dans la mairie de Pontcirq.

1894 fut décidemment l'année de la capitale à Pontcirq : un jeune Parisien, nommé Frédéric Rouquette, s'était installé quelques temps auparavant dans la commune et décida d'y faire souche. Né de père inconnu, il avait quitté Paris, où il avait vu le jour et où résidait encore sa mère, pour venir exercer la profession de maréchal-ferrant à Rostassac. Il se lia avec Marie Aladel, dont les parents étaient propriétaires au Cluzel, et résolut de l'épouser ; les parents n'apprécièrent pas outre mesure le fait que leur fille jette son dévolu sur un « étranger » n'ayant pas beaucoup de bien, car il ne fut fait aucun contrat de mariage, mais toujours est-il qu'ils lui donnèrent leur accord.

D'autres unions semblaient plus improbables, et pourtant… Le boulanger du Cluzel, Jean Grein, veuf âgé de 38 ans, se maria le 25 mai 1905 à Pontcirq avec Marguerite Regazzi, une veuve parisienne de 14 ans son aînée. Pourquoi, comment et quand le Pontcirquois put rencontrer cette habitante du IVe arrondissement et décider de l'épouser, il est impossible de le dire avec certitude, mais il nous semble judicieux d'évoquer la piste des annonces matrimoniales qui paraissaient dans les journaux de la capitale, comme *L'Echo de Paris* par exemple[40].

Ainsi, en moins d'un siècle, les relations personnelles des Pontcirquois, jusqu'alors limitées au niveau d'un voisinage relativement proche, s'étaient étendues à tout le pays et s'étaient diversifiées sans commune mesure, les paysans délaissant quelque peu leur traditionnelle endogamie sociale pour s'ouvrir à toutes les nouvelles catégories qui se développaient dans une société française alors en pleine mutation. Malgré cette ouverture, qui au-delà des personnes se fit aussi au niveau des idées, il faut cependant garder à l'esprit que les traditions étaient encore très fortes et que les vieux cadres sociaux n'étaient encore que timidement remis en cause. Quoi qu'il en soit, même ceux qui décidaient de monter vivre la vie trépidante et prometteuse de la capitale, et qui y réussissaient, gardaient une place dans leur cœur pour le petit village de leur enfance : Antoine Pradié, qui résidait à l'Isle-Adam en Seine-et-Oise, fit ainsi don d'une rente de 30 francs à la fabrique de l'église de Pontcirq.

---

[40] Le système des annonces matrimoniales n'avait alors rien d'exceptionnel et le sinistre Landru sut d'ailleurs l'utiliser de façon machiavélique pour trouver ses victimes.

La vie religieuse.

On a souvent du mal à imaginer l'importance qu'eut la religion catholique pour nos ancêtres jusqu'à la fin du XIXᵉ siècle. Le curé était alors l'un des personnages les plus importants de chaque commune et, si tous les hommes n'assistaient pas à chaque office dominical, ils allaient au moins entendre la messe lors des grandes fêtes comme Pâques. L'officiant avait de plus un statut public officiel, car les prêtres étaient rémunérés par l'Etat depuis le concordat signé entre l'empereur Napoléon Iᵉʳ et le pape Pie VII. Quant à l'église paroissiale, elle restait le lieu central de la commune, à peine concurrencée par la mairie où siégeaient les notables.

La force de la religion catholique.

Le premier curé de la paroisse au XIXᵉ siècle fut Jacques Boudus qui, après y avoir officié de 1753 à 1791, y revint en 1803 et y termina vraisemblablement sa longue carrière. En 1828 la cure fut confiée à l'abbé Pergot qui, après un ministère de dix-huit ans, fut remplacé par l'abbé Amadieu ; contrairement à son prédécesseur, ce dernier ne resta que peu de temps et laissa sa place dès 1851 à l'abbé Pierre Roussely, un fils de militaire qui s'occupa de la paroisse jusqu'à sa mort, qui l'atteignit à l'âge de 51 ans le 3 décembre 1856. Les deux desservants qui prirent la suite ne restèrent que deux ans pour le premier, l'abbé Bercegol, et un an pour le second, l'abbé Brunet. L'abbé Labarthe, qui vint ensuite, resta quant à lui une dizaine d'années, tout comme son successeur, nommé Lacoste. En 1883 enfin, l'abbé Rivière prit ses fonctions pour ce qui allait être un très long sacerdoce, puisqu'il resta en poste jusqu'en 1918, soit durant plus de 35 ans.

La rémunération du prêtre, assurée par l'Etat, ne couvrait pas toutes les fonctions de son ministère : il disait la messe une fois par semaine et assurait les cérémonies habituelles, point. Si besoin était d'une deuxième messe hebdomadaire, ou si l'on voulait qu'il accompagne les morts depuis leur domicile jusqu'à l'église, la fabrique[41] devait lui payer un supplément de salaire. En 1836, le budget pour frais de culte de la commune et celui de la fabrique furent insuffisants pour régler ces frais supplémentaires, aussi le conseil municipal décida-t-il de procéder à la levée d'un impôt extraordinaire de 200 francs pour les financer ; on mesure l'importance de la chose lorsque l'on sait que, l'année précédente, ce même conseil avait catégoriquement refusé de procéder à une quelconque imposition extraordinaire pour les besoins de la mise en place de l'instruction primaire.

L'instruction publique n'était pas seule à devoir céder la priorité aux besoins impérieux de la religion : toujours en 1836, le conseil décida cette fois d'affecter à la réparation de l'église les 55 francs qui avait été versés par l'administration pour indemniser les ravages de la grêle ; deux ans plus tard, il vota à nouveau un impôt extraordinaire de 200 francs pour pourvoir au supplément de traitement du desservant, en assurant, disaient les conseillers, que ces dépenses étaient indispensables. L'opération fut reconduite pour les exercices 1839, 1840, 1841 et 1842.

En 1842, le conseil municipal décida une fois de plus de consacrer aux besoins du culte certaines ressources communales initialement destinées à de toutes autres nécessités : l'impôt de 12 francs, qui avait été levé pour la réparation des puits et fontaines, fut sans vergogne employé à la remise en état de l'escalier du presbytère. Comme par habitude, l'imposition extraordinaire de 200 francs fut levée en 1843, 1845 et 1848.

Malgré le fait qu'une vieille fille de la famille Costes avait, fin 1843, fait le don à la fabrique de 160 francs, de divers objets en valant respectivement 500 et

---

[41] Fabrique : au sein d'une communauté paroissiale catholique, désignait un ensemble de personnes, tant clercs que laïcs, nommés pour assurer la responsabilité de la collecte et l'administration des fonds et revenus nécessaires à la construction puis l'entretien des édifices religieux et du mobilier de la paroisse. Les revenus de la fabrique provenaient des quêtes et offrandes, mais aussi, par exemple, de la location des places de bancs dans l'église.

200, d'une maison et de 20 chemises destinées aux pauvres, un autre impôt extraordinaire de 150 francs fut levé en 1844 pour payer la réfection du pavé de l'église tandis que, l'année suivante, on en décida d'un autre, du même montant, pour pourvoir aux réparations du presbytère. Dans le même temps, en réponse à une requête préfectorale, le conseil affirma qu'il était dans l'impossibilité d'affecter la moindre somme à la création d'une petite bibliothèque rurale. A la vue de ces quelques exemples, on reconnaîtra que les élus pontcirquois s'évertuèrent à donner beaucoup de grain à moudre aux anticléricaux…

Le 20 mai 1848, le conseil municipal vota à nouveau, pour le budget de l'année suivante, l'impôt extraordinaire de 200 francs destiné à financer le supplément de traitement du desservant au titre de la deuxième messe et pour aller chercher les morts à domicile. Le conseil était alors composé des membres élus assistés, suivant la loi, des personnes les plus imposées de la commune, ce qui réduisait l'expression politique des plus humbles à la portion congrue. Mais, alors que la crise économique sévissait, ces derniers décidèrent de faire entendre leur voix.

Depuis février, le pays était la proie d'un mouvement révolutionnaire qui, après avoir provoqué l'abdication du roi Louis-Philippe Ier, continuait d'agiter la vie politique ; depuis les élections législatives d'avril, qui avaient vu les républicains radicaux écartés au profit des modérés et des monarchistes, l'agitation socialiste était à son comble ; il n'est pas à exclure qu'elle ait eu sa part dans le mouvement qui rassembla tous les chefs de ménage de la commune, bien décidés à exposer leurs difficultés au conseil et à le faire revenir sur sa décision de reconduire l'impôt extraordinaire. Les manifestants prirent garde aux usages en exposant leur revendication, car ils affirmèrent en préambule « qu'ils reconnaissaient pour tous l'importance d'une seconde messe » mais, venant aux faits, ils affirmèrent qu'étant donné l'état de gène dans lequel se trouvait la commune et la difficulté qu'ils avaient à payer les impositions ordinaires, ils étaient d'avis que l'imposition extraordinaire pour supplément de traitement au desservant ne soit pas levée.

Dans le contexte troublé du moment, le conseil municipal et les plus forts imposés ne purent que s'incliner et déclarèrent nulle la délibération en cause. On peut remarquer le caractère modéré des revendications des manifestants pontcirquois, tant sur le fond que dans la forme : à Gourdon, de véritables émeutes eurent lieu et leur violence rendit nécessaire l'intervention d'un bataillon du 35e de Ligne pour calmer les insurgés.

La religion était cependant encore suffisamment forte et les événements de 1848 ne lui enlevèrent qu'une petite partie de son pouvoir. En effet, huit ans plus tard, le conseil municipal put encore décider d'engager à long terme les finances de la commune pour les besoins du culte.

L'agrandissement de l'église.

La construction de l'église Saint-Pierre-es-Liens, nous l'avons vu *supra*, s'était déroulé au cours du XIIe siècle. Un premier agrandissement avait été fait, cinq cent ans plus tard environ, par l'adjonction d'une chapelle latérale qui avait doublé la superficie de la nef. Malgré ces travaux, l'ensemble restait modeste : sous la couverture de lauzes, seul le choeur était voûté et le clocher était un simple clocher-mur pourvu d'un petit toit en saillie pour abriter les deux cloches, dont la plus petite avait été remplacée en 1733 ; sa fonte avait été parrainée par Jean d'Albareil, seigneur de Labastidette, et Guillemette de Besombes. L'édifice était entouré du cimetière paroissial, qui occupait une grande partie de l'actuelle place du 19 mars 1962 et était délimité par les maisons qui formaient une sorte d'enclos uniquement ouvert côté sud.

En mai 1836, le conseil municipal accepta la proposition du maire, Pierre-Marc Devès, qui proposait de déplacer le cimetière ; il s'offrait pour cela de fournir un terrain, appelé le Champ de la Fon, et de le faire fermer de murs, en échange de quoi la municipalité lui céderait l'ancien emplacement.

La démarche du maire était motivée par l'envie de débarrasser sa maison, qui jouxtait la nécropole, de ce voisinage désagréable et de récupérer par la même occasion une surface non négligeable dans cette zone où l'espace manquait. Il avait appuyé sa démarche en invoquant l'irrégularité de la position du cimetière eut égard à l'article 22 du décret du 23 prairial de l'an XII, et faisait état des « émanations les plus infectes » qui s'en dégageaient, soulignant que « cela pouvait nuire à la santé publique et provoquer des maladies mortelles », car plusieurs maisons entouraient le cimetière. Le conseil municipal se rangea à ses arguments sans faire de difficulté et vota tant la fermeture que le déplacement à l'endroit proposé. La chose ne se fit cependant pas immédiatement : une porte fut ouverte cinq ans plus tard dans la façade sud de l'église de façon à pouvoir directement accéder à l'ancien cimetière.

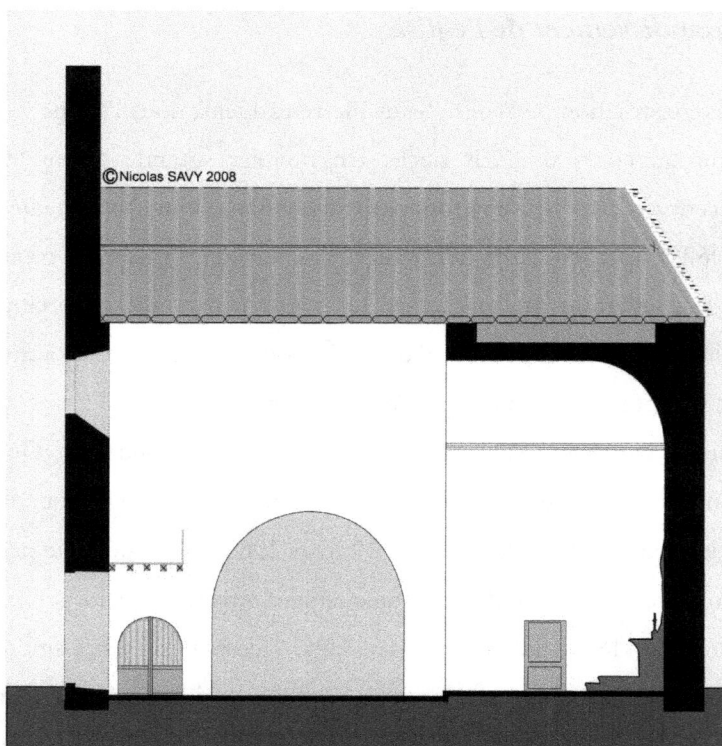

Figure 26. Coupe transversale de l'église. Etat début XIXᵉ siècle.

Il n'est fait mention de deux nécropoles qu'à partir de 1859 : l'ancienne, autour de l'église, était alors dite abandonnée depuis plusieurs années, tandis que la seconde était située, comme aujourd'hui, au Champ de la Fon ; le conseil jugeait sa surface, qui n'était que de 2,20 ares, trop restreinte et qu'en conséquence il était nécessaire de trouver un autre emplacement, mais ce projet fut abandonné deux ans plus tard.

Figure 27. L'emplacement de l'ancien cimetière, place du
19 mars 1962.

En ces années 1840-1850, les bâtiments religieux pontcirquois étaient en assez mauvais état : en 1844, le pavé de l'église était décrit comme « complètement délabré » tandis que, cinq ans plus tard, on s'inquiéta de la porte et de l'escalier menant au cimetière, qui menaçaient ruine. Le presbytère était certainement l'édifice le plus mal en point ; se dégradant progressivement depuis plusieurs années, il atteignit en 1851 un état de déliquescence avancée : le balcon et la voûte qui le portait menaçaient de chuter, le toit et le plancher de l'écurie étaient en ruines tandis que le mur pignon de celle-ci devait être repris depuis les fondations.

Ce n'est toutefois pas l'état de l'église qui attira l'attention du conseil, mais sa taille, car elle était trop petite pour accueillir tous les fidèles, dont le nombre avait singulièrement augmenté. Ce problème n'était pas spécifique à Pontcirq et le XIXe siècle vit ici et là pousser de nombreux sanctuaires ou s'agrandir d'anciens lieux de cultes, dans un style imitant vaguement les arts roman et gothique de façon plus ou moins heureuse suivant les endroits. Dans la région, on peut notamment voir l'église de Flottes[42], construite en 1713-14 et agrandie au début des années 1870, dont les parties ajoutées s'intègrent particulièrement bien au corps de bâtiment originel.

Le 10 octobre 1856, le conseil municipal prit officiellement la décision d'agrandir l'antique lieu de prières mais, en fait, le projet était dans les cartons depuis déjà quelques temps. Les plans de l'agrandissement sont en effet datés du 4 août 1356, ce qui permet d'affirmer que l'architecte de Puy-l'Evêque que l'on avait engagé s'était mis au travail durant le premier semestre de l'année. Le projet ne fut cependant soumis à l'avis du préfet que plus de deux ans plus tard, le 10 décembre 1858, et son accord ne fut obtenu que le 20 avril de l'année suivante.

En novembre 1859, les travaux n'avaient toujours pas débuté, ou à peine, et il fallut attendre l'été suivant pour voir les choses avancer. Le projet était ambitieux : on prévoyait tout d'abord de construire une chapelle voûtée en croisée d'ogive côté sud, sur l'emplacement de l'ancien cimetière, de façon à faire le pendant à celle qui avait été construite côté nord au XVIIe siècle ; celle-ci devait être reprise dans sa partie supérieure et pourvue d'une voûte en croisée d'ogives, de façon à donner, avec une symétrie quasi parfaite, un nouvel équilibre à l'ensemble de l'édifice. Enfin, la nef devait être pourvue d'une voûte en plein cintre de manière à prolonger celle du chœur, qui était en cul de four.

---

[42] Commune de Pradines (Lot).

Figure 28. Vue de l'église côté sud. Etat 1841-1859.

Le conseil municipal n'avait cependant pas intégré une donnée particulièrement importante, à savoir l'état général particulièrement mauvais du bâtiment. En août 1850, un des entrepreneurs en charge des travaux sonna le signal d'alarme : il était selon lui impossible de construire la voûte de la nef alors que son toit de lauzes était complètement croulant, tout comme celui de la sacristie d'ailleurs ; en fait, l'ensemble des toitures était à reconstruire.

Les travaux avançaient particulièrement lentement et les maçons Jean Landrevie, de Catus, et Jean Sabrié, de Mongesty, exaspérés par ce chantier compliqué, le stoppèrent au début du mois d'octobre 1360 sans l'avoir terminé. Or, selon le procès-verbal d'adjudication du 19 juin 1859, la fin octobre se trouvait être le terme prévu d'achèvement des travaux : en conséquence de cet abandon, le maire organisa une régie municipale pour l'achèvement du chantier et nomma comme régisseur l'ancien cantonnier Labrunie, qui habitait le Cluzel.

Figure 29. Le nouveau clocher construit durant les années 1860.

La mise en régie ne stoppa en rien l'arrivée de nouvelles difficultés ; les maçons Landrevie et Sabrié les avaient d'ailleurs certainement pressenties et c'est certainement ce qui les avait incité à abandonner le chantier. Quelques jours après la reprise des travaux, il fallut en effet se rendre à l'évidence en ce qui concernait le clocher : il était en ruine, prêt à tomber, et devait être totalement reconstruit. Pour faire face à toutes ces dépenses imprévues, qui commençaient à prendre des proportions très inquiétantes, le conseil municipal ajourna quelques projets, au nombre desquels figurait l'ouverture d'un nouveau cimetière.

En 1861, la lenteur avec laquelle le chantier évoluait n'en finissait pas d'exaspérer la municipalité : l'ancien clocher n'avait même pas encore été démoli et, croulant, constituait toujours un danger pour la population. L'affaire coûtait de plus en plus cher : en 1862, on vota une nouvelle imposition extraordinaire pour achever les travaux, tandis que l'année suivante une souscription fut organisée pour trouver les fonds qui faisaient défaut ; en 1864, alors que l'on travaillait toujours à la réalisation du programme initial, le conseil décida que de nouvelles améliorations devaient être faites pour « la régularité des bâtiments » et y affecta les sommes dont il disposait encore sur le budget de l'année.

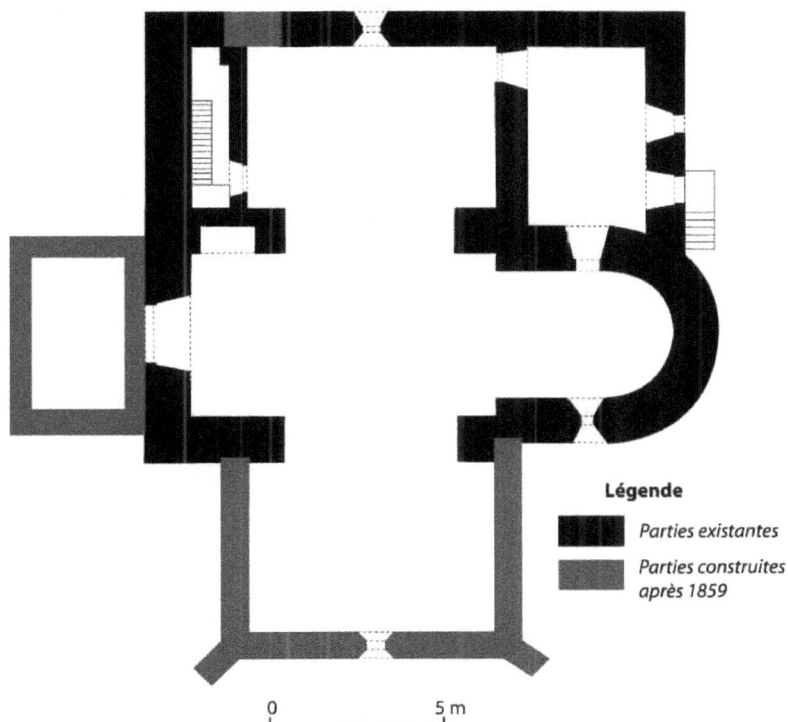

Figure 30. Plan de l'église après les travaux de 1859-1862.

Le 14 août 1864, la réfection des toitures n'avait toujours pas commencé et, pour la financer au moins en partie, le conseil décida de vendre les lauzes constituant l'ancien toit. En fait, la plupart d'entre-elles étaient impropres à toute nouvelle utilisation et, ne pouvant être vendues, elles furent directement entreposées sur la voûte du chœur : ce sont ces plusieurs tonnes de pierres qui, avec le temps, ont provoqué une importante et dangereuse fissure verticale le long du cul de four, visible du côté est. Il est probable que la somme récoltée à l'aide de la vente des peu nombreuses lauzes réutilisables fut assez menue mais, heureusement, un secours exceptionnel accordé par le préfet arriva à point nommé pour arrondir le montant des fonds disponibles.

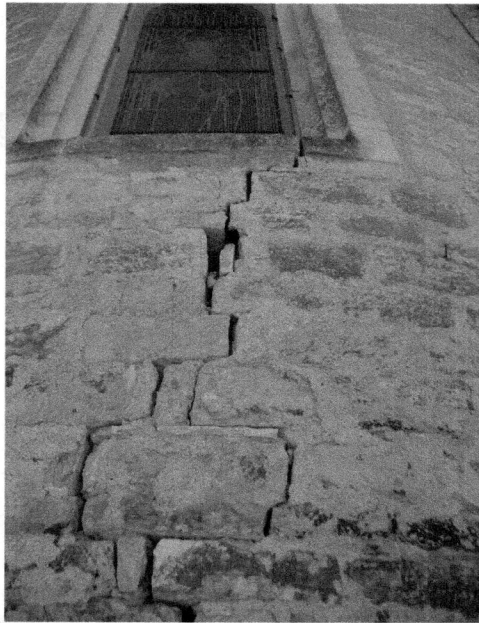

Figure 31. La fissure fragilisant la voûte du chœur de l'église.

En fait, l'ensemble ne fut vraisemblablement terminé que vers 1866. La lenteur des travaux et les problèmes successifs qui apparurent durant ceux-ci furent certainement à l'origine de quelques malfaçons car, dès 1876, des réparations durent à nouveau être faites à l'église. Son nouveau clocher, beaucoup plus volumineux que l'originel, pouvait accueillir trois cloches au lieu de deux. Au début du XXe siècle, on y trouvait toujours la petite de 1733, une moyenne dont la fonte avait été parrainée en 1898 par Xavier Lavergne, un neveu du bienheureux Jean-Gabriel Perboyre, et par Jeanne de Valon, tandis que la plus grosse avait été fondue la même année en souvenir de la mission de 1897 ; elle portait notamment l'inscription suivante : « *Avec mes 770 kilos, je chante mi parrain M. A. de Valon, ancien député, marraine Laurence Ricard née Lagarde* ».

Un simple regard sur ce que la commune consacra aux dépenses du culte durant le XIXe siècle suffit à montrer l'importance et la force que la religion catholique possédait dans cette petite communauté, ce qui n'avait cependant rien d'exceptionnel à l'époque. Le mouvement des chefs de famille de 1848, tout aussi en prise qu'il ait pu être avec les événements contemporains, semble avoir plus procédé d'une très prosaïque volonté d'allègement fiscal plutôt que d'une envie de remettre en cause la place occupée par la religion dans la société. D'ailleurs, loin d'être anticléricaux, les Pontcirquois envoyèrent leurs filles à l'école congrégationniste jusqu'à la suppression de celle-ci par le gouvernement.

Figure 32. Vue actuelle de Pontcirq.

L'instruction publique

On ne sait si une école existait à Pontcirq avant le XIXe siècle. Comme le soulignait l'instituteur Guillaume Largarde dans sa monographie de 1880, il est probable que le curé s'occupait de la scolarité des plus aisés avant l'organisation de l'instruction publique. Après la Révolution, quelques personnes se sont certainement chargées de donner un rudiment d'instruction aux enfants de la commune suivant les premières dispositions prises par l'empereur Napoléon Ier, car un document de 1835 spécifie qu'avant cette date les locaux de la mairie servaient de salle d'école.

Les débuts.

Les directives gouvernementales, consécutives à la loi Guizot de 1833 et obligeant les communes de plus de 500 habitants à organiser une école de garçons, furent examinées par le conseil municipal en mai 1835. On ne peut pas dire que l'enthousiasme fut au rendez-vous, car il fut délibéré qu'il ne serait fait aucune imposition extraordinaire au profit de l'instruction primaire : la maison communale servait d'école et l'instituteur pouvait être logé chez l'habitant, c'était bien suffisant…

Devant un tel immobilisme, le préfet du Lot envoya le 8 juillet suivant une lettre à la municipalité pour fortement l'inciter à prendre les mesures adéquates. Ce fut peine perdue, car les élus délibérèrent à nouveau qu'aucune imposition ne serait faite dans ce but ; ils appuyèrent leur refus en invoquant l'insuffisance des ressources de la commune suite aux derniers ravages de la grêle ; on mesure la mauvaise volonté et la méfiance du conseil dans ce domaine car, nous l'avons vu plus haut, il n'hésita pas au même moment à lever un impôt extraordinaire pour financer les besoins accessoires du culte.

Il fallut attendre 1843 pour que le conseil municipal se préoccupe sérieusement de pourvoir la commune d'un véritable instituteur. Le premier novembre, il fut examiné la candidature d'Auguste Naves, un jeune homme de 19 ans originaire de Catus ; il avait obtenu au mois d'août précédent son Brevet de Capacité pour l'Instruction Publique après avoir suivi les cours de l'Ecole Normale de Cahors ; il présenta aux élus son diplôme et son certificat de moralité délivré par le maire de Cahors, suite à quoi il fut retenu comme instituteur communal.

Quatre jours plus tard, le maire passa la commande du matériel nécessaire pour équiper la salle de classe à un menuisier de Luzech : pour les élèves, cinq tables à écrire de 2 m x 0,50 m et neuf bancs, dont cinq pour aller avec les tables et quatre pour être disposés autour de la salle ; pour l'instituteur, une table de 0,60 m x 0,70 m avec un tiroir et une chaise ; enfin, un tableau noir de 1,33 m x 1 m complétait la commande. La mairie laissa la place de salle d'école à la maison de monsieur Blanié, louée pour l'occasion.

Auguste Naves ne resta en poste que trois ans et fut remplacé par un dénommé Jean Lasfargues. Fraîchement nommé, celui-ci eut certainement plaisir à apprendre que, le 15 mai 1846, le maire avait exposé à son conseil la nécessité de bâtir une véritable maison d'école et avait même proposé, pour financer l'opération, de vendre des biens communaux. Acquis à l'idée, la municipalité s'empressa de rechercher des appuis pour mener ce projet à bien : elle envoya une lettre au préfet pour lui exposer ses difficultés financières et lui demander de l'aider à obtenir du ministre de l'Instruction Publique un secours « proportionnel au sacrifice qu'elle fera en vendant les biens communaux ».

Le nouvel instituteur dut cependant revoir quelque peu son jugement sur la volonté progressiste, somme toute très récente, affichée par la municipalité : en janvier 1849, une circulaire du ministre de l'Instruction Publique, qui insistait sur l'utilité d'établir une bibliothèque communale, fut fraîchement accueillie par les élus ; ils affirmèrent en effet que la commune était dans l'impossibilité d'affecter la moindre ressource à cet établissement et « que d'ailleurs ils n'en voyaient pas l'utilité ».

Jean Lasfargues quitta la commune en 1852 sans que le projet de la nouvelle école ait avancé en quoi que ce soit ; il en fut de même pour son successeur, Guillaume Lagarde qui, bien que Pontcirquois, ne resta en place qu'une année et partit pour prendre en charge la classe des garçons de Pomarède. Jean Naves, qui le remplaça, fit lui aussi un séjour relativement court car il quitta à son tour le poste en 1857.

Guillaume Lagarde, pourtant parti quatre ans plus tôt, revint le remplacer. Fils de propriétaires installés à la Crouzette, il avait du bien dans la commune et c'est sans aucun doute ce qui explique son retour alors que des disputes familiales ou les mauvaises conditions locales d'exercice de son métier avaient peut-être été à l'origine de la courte durée de son premier passage. En effet, la location de la maison Blanié comme salle d'école n'avait duré qu'un temps et la classe des garçons s'était à nouveau retrouvée dans la salle de la mairie, « réduit exigu et malsain où les enfants étaient entassés et privés d'air et de lumière ». Cette situation dura plusieurs années et, en 1863, le conseil municipal jugeait encore ses finances insuffisantes pour l'acquisition d'une maison d'école spécialement dédiée.

Quant à l'école des filles, elle fut installée en 1867 suite à la loi Duruy qui, votée le 10 avril de cette même année, obligeait les communes de 500 habitants à en mettre une en place. C'est une congrégation religieuse, celle des Soeurs de la Miséricorde de Montcuq, qui se chargea de dispenser l'instruction. La première institutrice se nommait Sarah Barriety ; une certaine madame Pugnet lui succéda en octobre 1872, avant d'être elle-même remplacée par madame Paulet en avril 1874.

La nouvelle maison d'école.

Aux alentours de 1873, l'école des filles se trouva, pour une raison que l'on ignore, privée de son premier local, dont nous n'avons pu déterminer l'emplacement. Madame veuve Eliza Lacarrière, née Devès et habitant Catus, proposa alors à la commune de lui vendre sa maison de Pontcirq pour y installer l'école des filles, ce que le conseil accepta. En attendant la passation de l'acte de vente définitif, la classe s'installa dans la bâtisse et l'institutrice y prit son logement.

L'affaire fut lancée durant le premier semestre 1876. La veuve Lacarrière se proposant de vendre non seulement sa maison, mais aussi les biens attenants avec une grange, un bois et un jardin, le conseil municipal décida d'établir sur cet ensemble non seulement l'école des filles, mais aussi celle des garçons. De fait, le local de celle-ci était, nous l'avons vu, particulièrement exécrable, mais de plus il allait rapidement se poser le problème du logement de l'instituteur : l'actuel, Guillaume Lagarde, avait son propre logement à Pontcirq, mais il allait bientôt partir à la retraite et la commune ne disposait pas de quoi loger son futur remplaçant ; les élus affirmaient même qu'il était impossible de trouver une chambre à louer dans les huit maisons du village.

L'affaire n'était cependant pas aussi simple. En effet, la maison d'Eliza Lacarrière n'était en fait qu'une partie d'un immeuble ayant appartenu à son père, appelé la maison Devès, et que la succession de celui-ci avait partagé en deux, l'autre partie appartenant à sa sœur Joséphine ; celle-ci était l'épouse d'un certain Victor Canihac, propriétaire à Camy, commune de Luzech. Le problème qui se posait était que les époux Canihac souhaitaient acquérir la partie d'Eliza pour reconstituer l'ancienne maison Devès et ils commencèrent à manœuvrer dans ce sens dès que le projet d'achat par la commune se fit jour.

Alors que le maire préparait consciencieusement l'appropriation des biens Lacarrière pour y installer ses écoles, faisant en mars 1876 établir par des artisans le devis des travaux nécessaires et faire par Me Etienne Lasserre, notaire à Catus, l'estimation des immeubles, les Canihac faisaient jouer leurs relations pour essayer de faire échouer le projet. Ils ne cachaient pas leurs intentions et avaient d'ailleurs déjà fait une proposition sans équivoque au conseil municipal : si la commune acceptait de ne pas acheter la maison Lacarrière, ils offriraient en compensation cent mètres carrés de terrain pour l'agrandissement du cimetière communal.

Le 18 avril, le préfet dépêcha une enquête administrative pour s'assurer des avantages et des inconvénients du projet. Le commissaire, qui fit son inspection les 30 avril et 7 mai suivants, interrogea 103 habitants parmi lesquels 61 se déclarèrent favorables au projet ; les 42 autres étaient tous contre et affirmaient qu'il existait d'autres possibilités d'installation des écoles dans le bourg. L'envoyé tint compte de leur avis dans son rapport et proposa au préfet, étant donné leur nombre, d'envoyer sur place l'inspecteur primaire pour se faire un meilleur et plus complet avis sur les propositions des uns et des autres. Néanmoins, il y affirmait aussi très clairement que le but des opposants n'était en fait que de permettre l'achat de la maison Lacarrière par les Canihac ; il avait eu vent par des « personnes autorisées » de la proposition de ces derniers concernant l'agrandissement du cimetière, aussi insistait-il sur le fait qu'il ne pensait pas que la commune, qui n'avait ni école des filles, ni de logements pour les instituteurs et dont l'école des garçons était dans un état des plus déplorables, pouvait renoncer à l'achat de biens suffisants au service des deux classes pour ne recevoir en compensation que cent mètres carrés de terrain afin d'agrandir son cimetière. Enfin, répondant toujours aux assertions des opposants, il affirmait qu'il ne se trouvait pas dans la commune d'immeubles plus avantageux et propices au projet de service scolaire que ceux de madame Lacarrière.

On ne sait si les filles Devès étaient en conflit, mais le projet des époux Canihac était de toute façon voué à l'échec car Eliza Lacarrière avait tout fait pour que ses biens soient effectivement affectés à l'instruction des enfants : elle avait stipulé, dans la promesse de vente, une clause qui permettait au maire et à son adjoint de les acquérir à titre personnel si la municipalité n'était pas autorisée à l'achat, charge à eux ensuite de se les faire racheter par la commune.

Suite à l'enquête administrative, le maire s'employa à rallier l'ensemble des habitants au projet et réussit à tous leur faire signer une pétition en sa faveur, qu'il envoya ensuite au préfet. Logiquement, l'arrêté préfectoral en date du 24 novembre suivant autorisa la transaction, considérant notamment que « les oppositions formulées dans l'enquête paraissent n'avoir été dictées que dans un intérêt particulier auquel l'intérêt général ne saurait être sacrifié ».

Terre et jardin des époux Canihac

Cour des époux Canihac

Chemin de service de la terre et du jardin Canihac

Terre de madame Lacarrière

Cour de madame Lacarrière

Chemin de service de la maison Canihac

Chambre

Chambre

Corridor

Salon

Cuisine

Chambre

Salle de classe des filles

Corridor

Cuisine

Chambre

Pigeonnier

Chemin de grande communication

Jardin

N

Etable

Grange

Bois

Hangar

Cour de madame Lacarrière

Chemin rural

Calvaire

Nicolas Savy 2010

Légende

Biens Lacarrière

Biens Canihac

Terrains communaux

0   10 m

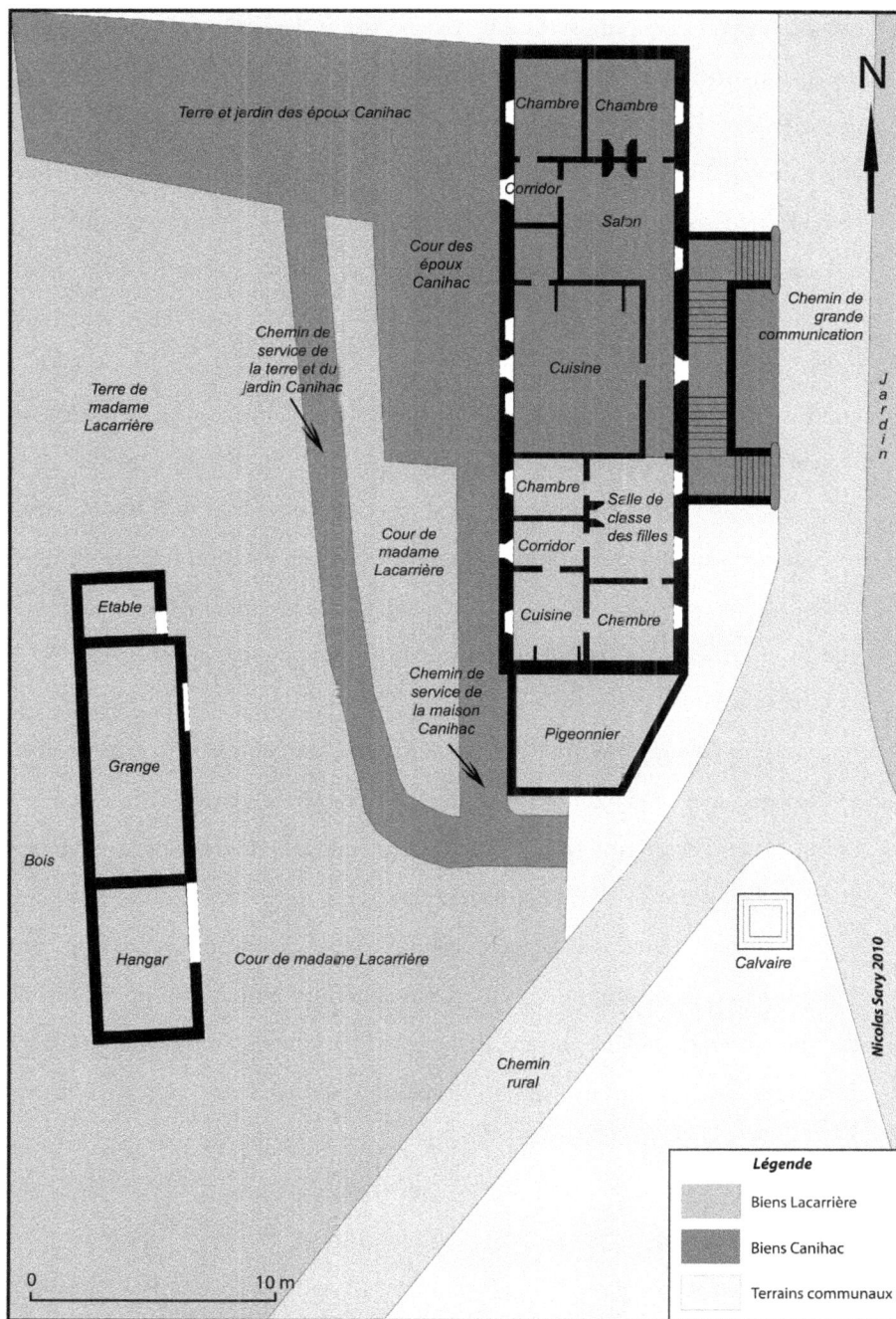

Figure 33. Plan de la maison Devès avant son achat par la commune.

La transformation des biens Lacarrière en école allait considérablement déprécier ceux des Canihac : d'une part, il serait désormais impossible de réunir les deux maisons en une seule comme à l'origine, ce qui les laisserait propriétaires d'une habitation qui, somme toute commune, allait de plus devoir subir le voisinage des écoliers ; d'autre part, ils disposaient de deux droits de passage situés sur l'emplacement prévu pour la cour de récréation des filles, qui ne pourrait ainsi être clôturée, ce qui annonçait de nouveaux problèmes. Plutôt que de garder un bien désormais voué à une large dépréciation, ils rédigèrent le 20 décembre suivant une promesse de vente au bénéfice de la commune. L'acte ne concernait cependant que la maison et le terrain situé à l'ouest : les caves restaient leur propriété avec l'usage des patus attenants, mais ils prévoyaient néanmoins, au cas où ils viendraient à les vendre, d'en réserver la préférence à la commune. En outre, en plus du prix de 7500 francs pour la maison et le terrain, ils demandaient une concession de huit mètres carrés au cimetière communal, surface qui serait prise « là où la famille Devès avait coutume d'être inhumée ».

La volte-face des époux Canihac changea complètement la donne du projet. Désormais, il n'était plus question de réaménager la grange Lacarrière pour en faire la salle d'école des garçons, mais de placer celle-ci dans la maison Canihac, dont l'achat permettait aussi de créer une salle de mairie de 35 mètres carrés ; la transaction faisait aussi disparaître le problème des droits de passage : en bref, elle donnait à la commune un ensemble cohérent et spacieux pour l'installation de son service scolaire et de sa mairie. Le conseil municipal, réuni le 24 décembre, entérina ces nouvelles dispositions.

Il restait cependant encore à faire accepter le projet par le préfet, ce à quoi le maire s'employa dans une lettre datée du 26 février 1877. Il y vantait naturellement les mérites de l'emplacement et des solutions prévues, mais mentait certainement un peu aussi : il affirmait que si la commune ne pouvait acquérir la maison Canihac, celle-ci serait achetée par un voisin qui avait l'intention d'en faire une auberge-café ; ce débit de boissons ne serait alors séparé de la salle d'école des filles que par une simple cloison ; il appuyait alors son propos en affirmant qu'il était « inutile d'ajouter que toutes les paroles, toutes les chansons venant de la maison Canihac seront entendues par les jeunes filles qui fréquentent la classe ». Enfin, pour conclure, il s'adressait au préfet en ces termes : « je vous demande pardon, monsieur le préfet, d'insister si longuement sur cette acquisition, mais je voudrais, pardonnez-moi cet orgueil, que la commune de Pontcirq me dut de posséder les plus belles écoles du canton ».

Les difficultés n'étaient pas encore terminées... Dans son rapport à l'inspecteur d'académie du 15 mars 1877, l'inspecteur primaire, s'il affirmait que les immeubles que la commune s'apprêtait à acquérir étaient parfaitement appropriés à l'usage auquel on les destinait, demandait toutefois l'ajournement parce que les biens Canihac étaient contigus au cimetière ; il spécifiait très catégoriquement que la poursuite du projet ne pouvait qu'être subordonnée au déplacement du champ de repos.

On ne sait quelles pressions furent exercées, quels pots de vin furent versés ou – pourquoi pas – quelle subite clairvoyance vint à cet inspecteur primaire entre sa première inspection et la seconde, dont le rapport fut rédigé le 3 juillet suivant. Dans celui-ci en effet, reprenant à son compte tous les arguments du conseil municipal, il vantait largement les mérites des immeubles à acheter, décrivant leur construction soignée, leur position parfaite et faisant même un peu de lyrisme en évoquant la « magnifique vallée » à laquelle ils faisaient face. Le cimetière n'était plus un problème car, disait-il, « il était vrai que les inhumations ne se faisaient plus du côté de la maison, qu'il allait être agrandi du côté opposé et que la position de la maison, à flanc de coteau, éloignait tout danger d'exhalations malsaines ». Bien loin de ses positions de mars, il proposait à l'inspecteur d'académie non seulement d'autoriser l'achat des immeubles par la municipalité, mais aussi de lui faire accorder un secours de 4000 francs pour l'aider dans son projet. Le lendemain, l'affaire fut portée devant le Conseil Départemental qui, suivant le rapport précité, accorda à la commune une dérogation aux dispositions de la circulaire du 15 juin 1876 relative au voisinage des cimetières, approuva son projet et lui octroya la subvention de 4000 francs demandée par l'inspecteur primaire pour l'aider à le réaliser.

Les tracas administratifs éloignés, on put enfin envisager sereinement l'avenir du service scolaire pontcirquois. Les choses n'allèrent cependant pas aussi vite que l'on aurait pu le penser : en juillet 1879, une grande partie des travaux d'appropriation n'avaient pas encore été réalisés et les devis venaient tout juste d'être présentés au conseil municipal qui, pour pouvoir les payer, demanda un autre secours financier au ministre de l'Instruction Publique. Quelques temps plus tard, une fois les classes prêtes, ce furent deux nouveaux instituteurs qui eurent la chance de bénéficier des locaux neufs fièrement mis à leur disposition par la commune : à l'école des garçons, il s'agissait de Guillaume-Marc-Paul Lagarde qui, nommé en 1879, n'était autre que le fils du précédent instituteur, tandis qu'à l'école des filles c'est à Honorine Delpouget, arrivée peu auparavant, que revint la charge d'instruire les jeunes Pontcirquoises ; tous deux gardèrent leurs postes jusqu'à leur départ à la retraite, une trentaine d'années plus tard.

Figure 34. La maison Devès (à gauche) et le village, années 1900-1910.

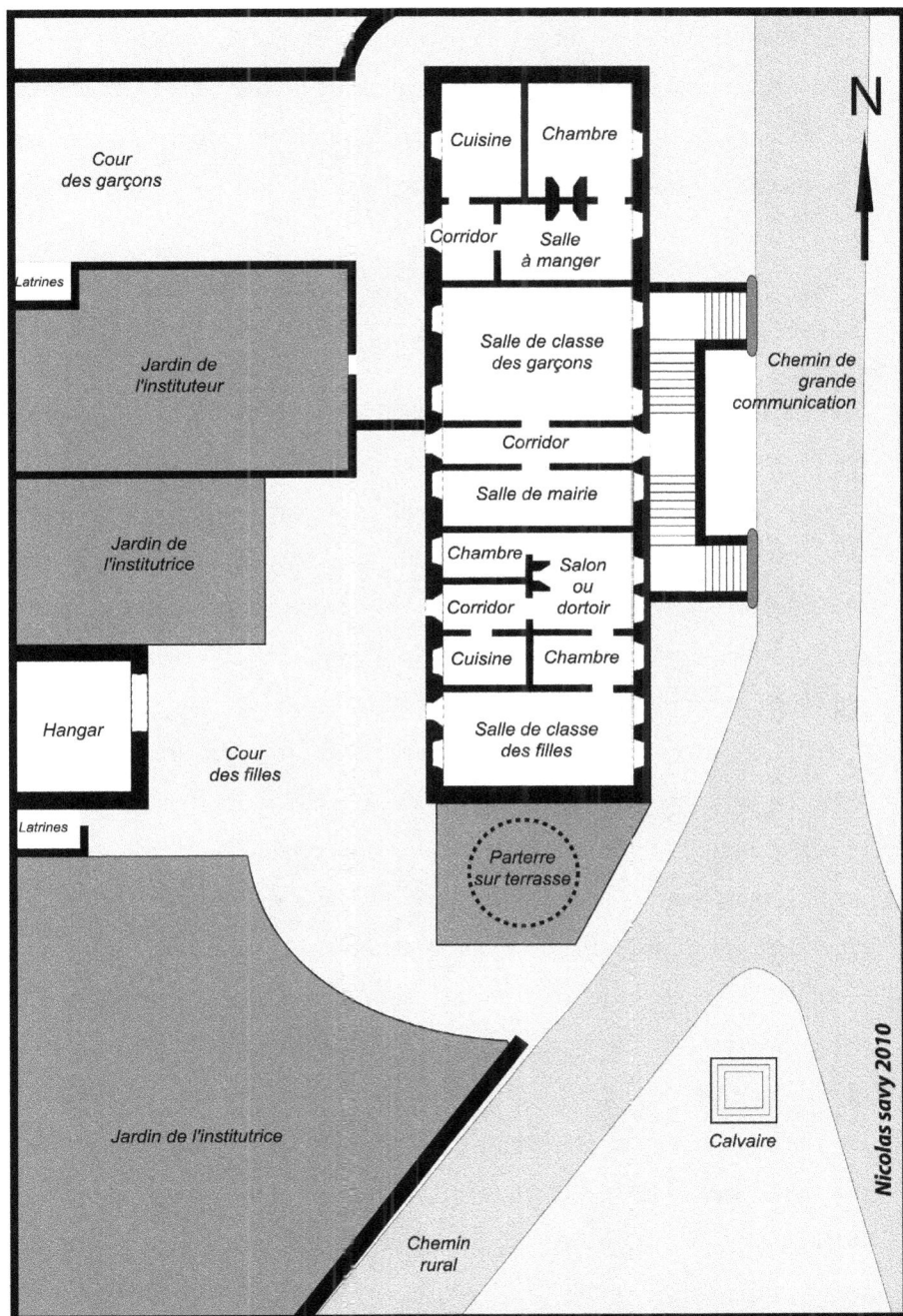

Figure 35. Plan des écoles de Pontcirq après l'achat de la maison Devès.

La répartition des pièces de l'école était la suivante : l'école des filles disposait d'une salle de classe et d'un logement pour l'institutrice comprenant une cuisine, deux chambres et un salon qui pouvait servir de dortoir ; celle des garçons avait une salle de classe et un logement pour l'instituteur comprenant une cuisine, une chambre et une salle à manger. Entre les deux écoles se trouvait la salle de la mairie.

Les élèves et l'enseignement.

Une délibération du conseil municipal de 1876 fait état de quarante-trois élèves pour la seule école des filles, tandis qu'un document de 1881 nous donne un total de 34 garçons et 36 filles. Les enfants scolarisés représentaient ainsi aux alentours de 13 % de la population totale, qui comptait 531 habitants en 1881. Cet effectif eut à subir une baisse constante durant les années qui suivirent, du fait de l'exode rural puis de la première guerre mondiale : en 1924, il n'y avait plus que 22 élèves, dix garçons et douze filles.

Dans les années 1880, Guillaume Lagarde fils, l'instituteur qui fut en poste à Pontcirq de 1879 à au moins 1909, indiquait que tous les parents, sans exception, envoyaient leurs enfants scolarisables en classe et soulignait qu'ils avaient tous à coeur que leur progéniture soit passée par l'école. Il posait cependant un bémol, car selon lui la durée de leur scolarité était bien trop réduite car ils étaient envoyés travailler sitôt qu'ils étaient en âge de le faire soit parce que leur famille devait faire face à des difficultés financières, soit parce qu'elle avait besoin d'eux pour les travaux des champs. Les connaissances que les élèves apprenaient étaient ainsi assez basique : lecture, écriture et calcul principalement, ainsi que des notions sur les autres disciplines. Parmi celles-ci, la géographie et l'histoire avaient une place toute particulière, car il importait de donner aux jeunes Français l'amour de la Patrie et l'esprit de revanche qu'il convenait de conserver face aux Allemands qui avaient annexé l'Alsace et une partie de la Lorraine suite à la défaite de 1871 ; au mur figurait certainement la célèbre carte de France où les deux provinces perdues étaient colorés d'une couleur spéciale pour les démarquer du reste de l'empire allemand. L'école possédait en outre une petite bibliothèque de quelques dizaines d'ouvrages.

Figure 36. La maison Devès de nos jours.

Les savoirs étaient enseignés avec efficacité : Guillaume Lagarde fils affirmait en 1880 qu'il fallait remonter à plus de quinze ans en arrière pour trouver trace de conscrits pontciquois analphabètes et encore, ajoutait-il, avec une moyenne de la population assez minime, de l'ordre de 20 % ; c'était supérieur au taux de 5 à 6 % que l'on trouvait par exemple en Moselle à la même époque, mais c'était cependant tout à fait honorable par rapport aux 64 à 65 % d'illettrés présents parmi les conscrits de la Haute-Vienne en 1864.

Les conditions d'enseignement et la discipline étaient assez éloignées de ce que nous connaissons aujourd'hui. Eté comme hiver, les enfants se levaient très tôt pour aider leurs parents aux travaux matinaux avant de prendre à pied le chemin de l'école, qui faisait tout de même 3 kilomètres pour les plus éloignés, qui venaient de Rostassac. Aux périodes les plus froides de l'année, on peut imaginer que certains enfants, debout depuis plusieurs heures et après un trajet effectué en sabots – ou même pieds nus pour les plus modestes – sous une pluie glacée, arrivaient en classe déjà passablement fatigués. Les écrits et les documents que nous a laissés Guillaume Lagarde fils laissent transparaître son empathie pour les gens en difficulté ainsi que la tendresse qu'il portait à ses concitoyens en général et à ses élèves en particulier mais, selon les mœurs de l'époque, de tels sentiments n'impliquait en aucun cas une quelconque faiblesse dans les actes ; convaincu comme il l'était de sa mission, nul doute qu'il appliquait les méthodes pédagogiques en vigueur : si les bons points récompensaient les élèves studieux, coups de règle sur les doigts et bonnet d'âne guettaient les cancres, les dissipés et les adeptes de l'école buissonnière. Le temps scolaire était pourtant, et certains vieux témoignages l'attestent, un temps de répit durant lequel les enfants s'éloignaient pendant quelques heures d'une réalité quotidienne parfois pesante. A l'issue de la classe, ils regagnaient, toujours à pied par tous les temps, le domicile familial où les attendaient de nouvelles tâches agricoles et domestiques dont ils devaient s'acquitter avant de faire leurs devoirs, dans la soirée. Les vacances scolaires étaient elles aussi passées au travail, si bien que les distractions inhabituelles comme les exercices militaires, avec leur imaginaire d'aventures lointaines et de combats épiques, devaient être particulièrement bienvenues.

Prolongement de l'esprit de revanche, les élèves de plus de douze ans furent durant les années 1880 astreints à des exercices militaires. Les bataillons scolaires, créés en 1882, avaient ainsi le rôle d'organiser l'instruction militaire dans tous les établissements scolaires, c'est-à-dire la gymnastique, l'école de compagnie et les exercices de tir. Le but était on ne peut plus clair : préparer les jeunes pour le service qu'ils auraient à effectuer aux armées une fois adultes. L'uniforme n'était pas obligatoire et l'armement autorisé n'était constitué que de fusils factices adaptés à la morphologie des enfants. L'instruction militaire ne se faisait pas au détriment de l'enseignement scolaire, étant donné que les exercices avaient obligatoirement lieu en dehors des heures de classe réglementaires. Les bons éléments pouvaient recevoir grades et récompenses.

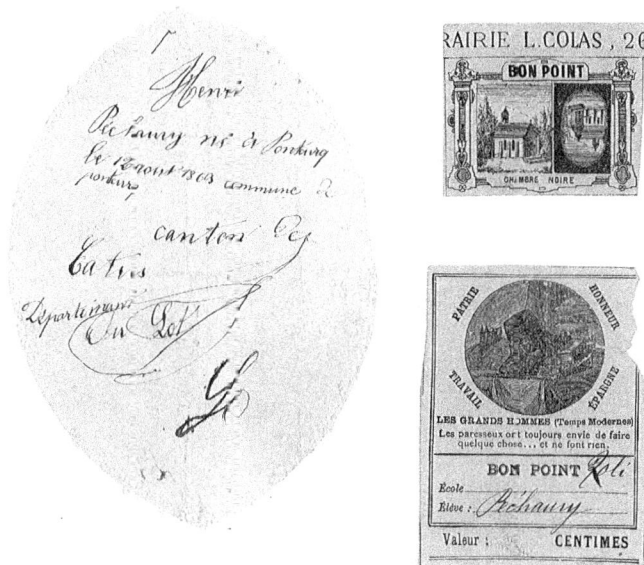

Figure 37. Souvenirs d'école d'Henri Péchauvy, né le 12 août 1869, qui fut élève de Guillaume Lagarde fils. *Coll. Montagne.*

Les élèves de l'école de Pontcirq devaient logiquement faire partie du bataillon du canton de Catus, mais il semble que l'organisation de ces unités scolaires n'ait pas été particulièrement poussée dans le département, aussi est-il probable que chaque instituteur garda une large autonomie pour l'instruction militaire de ses élèves. Celui de Pontcirq, Guillaume Lagarde fils, s'impliqua tout particulièrement dans l'enseignement si patriotique de cette nouvelle matière. Muni de son seul *Manuel de gymnastique et des exercices militaires*, il commença sans beaucoup de moyens à apprendre les rudiments de l'école du soldat aux jeunes garçons de sa classe, mais il se mit assez rapidement en quête de quoi rendre l'instruction un peu plus réaliste, attrayante pour les enfants et, *in fine*, plus martiale. Pour ce faire, il ouvrit courant 1884 une souscription dans la commune afin de financer l'achat de fusils factices, indispensables à l'étude du maniement d'armes ; la somme qu'il récolta lui permit de faire réaliser vingt fusils. Sa « troupe », désormais armée et même pourvue d'un petit clairon, n'avait désormais plus rien à envier à ses homologues des villages ou bourgs plus importants.

Figure 38. Le « bataillon scolaire » de Pontcirq vers 1885.
(Ce document nous montre probablement la majeure partie des élèves de l'école des garçons, car seuls les plus de 12 ans pouvaient normalement participer aux exercices militaires. On peut notamment voir sur la photo l'instituteur, M. Guillaume Lagarde fils, 4e adulte en partant de la droite, avec à côté de lui deux hommes portant leurs fusils de chasse, ainsi que Jean-pierre Pradié arborant fièrement sa veste et son képi de sergent-major). Coll. Montagne.

Les exercices avaient lieu les après-midi du jeudi ou du dimanche, lorsque les élèves n'avaient pas classe, mais il était rare de les voir tous présents à la convocation de l'instituteur, non par mauvaise volonté, mais parce qu'ils passaient habituellement ces journées « libres » à aider leurs parents. M. Lagarde était parfois secondé de quelques adultes, qui venaient armés de leurs fusils de chasse, et bénéficiait des conseils éclairés de Jean-Pierre Pradié, sergent-major en retraite, qui ressortait sa veste et son képi d'uniforme pour l'occasion.

En 1885, Guillaume Lagarde fils et M. Bouygues, son collègue de Lherm, décidèrent d'unir leurs efforts et de faire manœuvrer leurs classes ensemble pour une meilleure efficacité. Le 24 avril, douze petits pontcirquois se rassemblèrent devant leur école avant de prendre, fusil sur l'épaule, le chemin de Lherm sous les ordres de leur instituteur ; ils arrivèrent vers une heure de l'après-midi et s'amalgamèrent aussitôt avec les dix-huit camarades lhermois qui les attendaient et l'ensemble fut placé sous les ordres de M. Bouygues. Ce dernier et M. Lagarde étaient particulièrement satisfaits du temps, pluvieux depuis le matin : non qu'ils souhaitaient endurcir les enfants par des manœuvres effectuées sous la pluie, mais parce que celle-ci, en empêchant les travaux des champs du moment, avait permis à leurs parents de les autoriser à se rendre à la séance d'instruction.

Les exercices militaires des enfants suscitaient un certain intérêt de la part de la population et une centaine de personnes vint ainsi y assister. Ceux-ci, qui se déroulaient par tranches de 15 minutes environ, se terminèrent après une heure et quart de travail, M. Bouygues jugeant que c'était convenable car les élèves avaient exécuté les mouvements avec un « superbe entrain » qui, de plus, avait « excité une vive sensation parmi tous les spectateurs » ; il devait aussi songer que, malgré le fait que les champs aient été impraticables, du travail attendait certainement les enfants chez leurs parents. Pour terminer l'après-midi, on fit chanter aux élèves deux chants patriotiques, *L'écho des bois* et *Le drapeau de la France*. Il fut alors décidé que les élèves lhermois raccompagneraient leurs voisins et tous défilèrent en ordre sur la place du village avant de prendre la direction de Pontcirq ; arrivé à la frontière des deux communes, les deux groupes reprirent leur autonomie et les Pontcirquois chantèrent un vieux chant révolutionnaire, « *Les émigrants* », en l'honneur de leurs petits camarades et leurs présentèrent les armes pour les saluer. Cette journée d'exercice commune fut fort concluante pour les deux instituteurs, qui décidèrent de reproduire l'expérience, mais à Pontcirq cette fois. On ne sait durant combien de temps M. Lagarde organisa ainsi l'instruction militaire de ses élèves, mais étant donné la ferveur avec laquelle il s'impliqua dans l'expérience, il est probable qu'il le fit jusqu'à la suppression officielle des bataillons scolaires, qui survint en 1891.

La laïcisation de l'enseignement.

Depuis longtemps déjà, les républicains radicaux luttaient pour limiter l'emprise du clergé sur la population, en particulier dans le domaine de l'éducation, mais il fallut attendre les années 1880 et l'arrivée de Jules Ferry au ministère de l'Instruction Publique pour voir l'Eglise écartée de l'enseignement public. En effet, ce partisan acharné de la scolarité laïque s'employa à renverser les effets de la loi Falloux qui, depuis 1850, obligeait les instituteurs à inscrire le catéchisme au programme et à emmener les enfants à la messe : en 1880, il expulsa les Jésuites de l'enseignement et limita la possibilité d'enseigner des congrégations religieuses ; quant à ses lois de 1881 et 1882, elles rendirent l'école laïque et obligatoire pour tous les enfants de 6 à 13 ans. Une vingtaine d'années plus tard, son action fut continuée par Waldeck-Rousseau, qui limita encore les possibilités d'enseignement des congrégations religieuses, mais de façon plus souple cependant que son successeur, Emile Combes[43] : celui-ci fit purement et

---

[43] C'est sous le gouvernement d'Emile Combes et sous son impulsion que se produisit le fichage des cadres de l'Armée. Soucieux d'épurer «la Grande Muette» de ses éléments catholiques et soit-disant « réactionnaires », le général Louis André, ministre de la guerre, organisa de concert avec le Grand Orient de France le fichage de tous les officiers, de façon à favoriser ceux qui professaient les «bonnes» idées et écarter ceux qui suivaient les «mauvaises». Découverte en 1904, cette affaire scandaleuse fut à l'origine de la chute du gouvernement Combes, mais ses conséquences furent beaucoup plus durables et dramatiques, car la plus grande partie des officiers favorisés par les fiches se révélèrent

simplement interdire les activités d'enseignement aux congrégations en juillet 1904.

Dans le cadre des mesures anticléricales, une lettre du préfet du Lot arriva à Pontcirq en août 1900, annonçant que l'école des filles serait laïcisée, comme cela se faisait déjà ailleurs dans le département. Le conseil municipal émit alors le souhait que mademoiselle Honorine Delpouget, institutrice congrégationniste en poste depuis 22 ans et qui, disait-il, n'avait cessé de donner une instruction et une éducation convenable aux enfants, puisse conserver sa place ; il précisait qu'elle avait son Certificat d'Aptitude Pédagogique et qu'elle devait prendre sa retraite en 1909. Ce souhait ne fut pas exaucé : l'époque n'était pas aux compromis pour les tenants de la laïcité absolue. Deux mois plus tard, madame Delpouget acheta une maison de 56 m² avec terrain à madame Marlas et l'ensemble fut transformé en école, où elle continua à dispenser son enseignement après la laïcisation, effective durant le premier semestre 1901 ; Honorine Delpouget n'était pas fortunée, aussi est-il possible que certains Pontcirquois, qui ne souhaitaient pas la voir cesser ses activités, l'aidèrent pour cet achat.

Mademoiselle Delpouget continua ainsi à faire la classe, certainement jusqu'en 1909[44], année de ses 61 ans où elle dut prendre sa retraite. On ne sait dans quel climat dut oeuvrer la nouvelle institutrice laïque qui fut nommée à sa place à l'école publique, mais il est probable que la question de la laïcité divisa la population, comme partout ailleurs.

Après 1909, Honorine Delpouget passa la première partie de sa retraite dans son ancienne école, qui lui servit alors de domicile. Le temps passant, sa maigre pension ne lui permit plus de vivre décemment, aussi à l'automne 1923 fit-elle une demande au bureau de bienfaisance pour bénéficier de l'assistance aux

---

très insuffisants lors des opérations de 1914, ce qui obligea Joffre, pourtant franc-maçon lui-même, à les limoger en grand nombre.

[44] Il est probable que, pour ce faire, elle accepta d'être sécularisée car à partir de 1904 l'enseignement fut totalement interdit aux religieux.

vieillards, prévue par la loi du 14 juillet 1905 ; on la lui accorda sans problème le 25 novembre suivant. En même temps qu'elle fit cette demande, l'ancienne institutrice mit son ancienne école en vente et la commune décida de s'en porter acquéreur pour y installer le local de la nouvelle cabine téléphonique, ou à défaut le futur transformateur d'électricité, ou encore le garage des corbillards que l'on avait l'intention d'acheter. Le fait que la destination future des immeubles de mademoiselle Delpouget n'ait pas été déterminée avec précision – c'est le moins que l'on puisse dire – autorise à penser que, loin de la rage parisienne des Combes et consorts, la solidarité villageoise envers une personne dans le besoin mais respectée et reconnue pour son travail passé avait peut-être joué dans la décision d'achat. Quoi qu'il en soit, l'acte de vente définitif fut passé devant Me Louis Solmiac, notaire aux Junies, le 12 mars 1925.

Un siècle d'aventures individuelles.

Le XIXe siècle fut une suite de conflits. Il commença avec celles de la République et de l'Empire, puis se poursuivit avec les expéditions d'Algérie, les guerres de Crimée, d'Italie et franco-prussienne, avant que l'effort colonial ne mobilise à son tour les forces de la jeunesse française. Les jeunes Pontcirquois en âge de porter les armes y participèrent comme tous leur concitoyens et les documents, à défaut de témoignages, permettent de se faire une idée de la diversité des parcours, des aventures et des destins.

L'épopée du Premier Empire.

Premier consul puis empereur, Napoléon Bonaparte stabilisa, consolida et bonifia la république issue de la Révolution, mais il dut faire face aux autres pays d'Europe qui, inquiets de l'influence et de la puissance grandissantes de la France, mirent tout en œuvre pour l'abattre. Il leur en coûta et, avant que les

Cosaques, les Prussiens et les Autrichiens ne campent sur les Champs Elysées, les armées françaises défilèrent durant dix ans dans toutes les capitales d'Europe, de Madrid à Moscou en passant par Vienne et Berlin. En repoussant les attaques coalisées, Napoléon Ier étendit le territoire national à 130 départements en 1811, organisa sous son autorité les états allemands du Sud et fit de Rome la deuxième ville de son empire.

Un certain nombre de Pontcirquois furent alors incorporés dans l'armée impériale et parcoururent le vieux continent, allant de victoire en victoire avant que de funestes revers n'interrompent le vol de l'Aigle. Pour assurer le recrutement, l'empereur instaura fin 1804 les conseils de révision ; ils se déroulaient au chef-lieu de canton et étaient composés du maire ou d'un adjoint de la commune des conscrits concernés, d'un officier de recrutement, d'un autre de gendarmerie et d'un médecin qui ne devait pas être domicilié dans le même arrondissement. Les célibataires et veufs sans enfant convoqués se présentaient alors devant le médecin qui les faisait passer sous la toise ; ceux qui étaient reconnus « bons par la taille » devaient ensuite tirer un billet dans une urne, billet sur lequel était inscrit un numéro qui leur donnait leur classement au tirage au sort : les premiers numéros, jusqu'au nombre de conscrits à recruter dans le canton, étaient destinés à l'incorporation, tandis que les autres étaient ajournés ou versés dans la réserve. De cette procédure est restée l'expression « tirer un bon numéro » pour évoquer une faveur de la chance.

Un jeune homme pauvre qui tirait « un bon numéro » pouvait le vendre à une personne plus aisée qui avait été défavorisée par le sort, et aller se faire incorporer à sa place ; ce genre de remplacement, autorisé par la loi et officiellement enregistré devant notaire, connut un certain succès car les remplaçants constituèrent jusqu'à 10% des effectifs de l'armée impériale ; en ville, on en comptait en moyenne un sur sept conscrits incorporés, tandis que la proportion pour les campagnes n'était que de un sur quinze. Le jeune Pontcirquois Jean Cantarel remplaça ainsi un dénommé Bernard Crispel, de la région de Lauzerte.

Jean Cantarel, âgé de 18 ans, était encore trop jeune pour participer au tirage au sort mais il bouillait d'impatience de partir pour l'armée. L'adjoint au maire de Pontcirq, Pierre Maury aîné, compris qu'il pourrait certainement tirer profit de l'ardeur belliqueuse du garçon car, en froid avec sa famille, celui-ci vivait seul et se trouvait sans personne pour le conseiller ; l'adjoint fomenta ainsi un plan pour l'escroquer.

Ayant convaincu Jean Cantarel qu'il pouvait, malgré son âge et le fait qu'il n'ait pas tiré au sort, se porter volontaire pour effectuer un remplacement, Pierre Maury le fit connaître sans s'étendre sur son identité auprès des autorités du recrutement, à la préfecture de Cahors ; là, les responsables le mirent rapidement en contact avec le père Crispel, qui souhaitait faire remplacer son fils Bernard. Il ne restait plus alors à Pierre Maury qu'à mettre en marche la seconde partie de son plan : pour contourner les problèmes de l'âge et du tirage au sort du jeune Cantarel, il profita de sa situation d'adjoint au maire et son accès aux documents officiels pour rédiger de faux actes afin de lui donner l'identité de Jean-Pierre Peytavi, un conscrit pontcirquois de la classe 1798 qui avait tiré un bon numéro mais était décédé depuis deux ans. L'escroc négocia alors avec les Crispel pour chiffrer le prix du remplacement et on se mit d'accord pour 1800 francs avant d'aller faire officialiser la transaction chez le notaire. Le dernier point du plan imaginé par Pierre Maury prenait place à ce moment : il démontra avec évidence à sa victime qu'il serait bientôt aux armées on ne sait où et qu'il ne pourrait recevoir la somme, aussi s'offrait-il d'être son chargé de pouvoir et de la recevoir à sa place pour la lui remettre en mains propres à son retour ; le naïf accepta et l'on fit dûment inscrire cette disposition sur l'acte notarié.

Jean Cantarel partit confiant aux armées : non seulement il comblait son souhait d'être soldat, mais de plus il pensait avoir réalisé une bonne opération financière. Sous le nom de Jean-Pierre Peytavi donc, il rejoignit le dépôt du 65e de Ligne où il fut incorporé le 12 décembre 1806, avant d'être affecté en tant que grenadier au 5e bataillon. Sa fibre militaire ne se démentit pas au contact des dures réalités guerrières, car il se fit rapidement remarquer en bien dans son unité, son commandant de compagnie le jugeant parmi les « soldats les plus sages et de ceux qui servent le mieux ».

En garnison en Allemagne après la paix de Tilsit, Jean Cantarel souhaitait augmenter les possibilités offertes par sa maigre solde par l'argent que lui devaient les Crispel, aussi écrivit-il à plusieurs reprises à Pierre Maury pour qu'il lui fasse parvenir quelques versements, mais il n'obtint naturellement aucune réponse. A Pontcirq, ses parents avaient appris par un ami, M. Lapeyrade de Labastidette, qu'il était parti pour l'armée et, au bout de quelques mois, finirent par connaître certains détails de l'affaire et notamment les courriers restant lettres mortes. Le père décida alors d'aller au bureau de poste et réussit à subtiliser une des missives adressées par son fils à Pierre Maury ; il l'ouvrit en présence de monsieur Lapeyrade, agissant comme témoin : il lut que son fils excédé reprochait à son correspondant ses vilénies et son silence, et lui sommait à nouveau de lui faire parvenir 40 francs. Les deux hommes allèrent alors chez Pierre Maury et le mirent devant le fait accompli ; cherchant à gagner une peu temps, l'escroc consentit dans un premier temps à payer mais, sûr de son fait, il dévoila son jeu quelques jours plus tard, refusant de verser la somme promise et accablant d'injures le vieux Cantarel, qui allait sur ses soixante-quinze ans.

Le père Cantarel écrivit alors à son fils, qui se trouvait avec son régiment à Magdebourg, et l'informa sur la façon dont il avait été joué. Le 1er février 1809, le garçon prit son courage à deux mains et avoua sa fausse identité et les tenants de l'affaire à son commandant de compagnie ; celui-ci rendit compte au chef de corps, le baron Louis-François de Coutard, qui envoya immédiatement un courrier aux autorités judiciaires lotoises. Les poursuites furent alors lancées contre Pierre Maury aîné. Bien que ce crime souleva d'indignation des autorités tant militaires que lotoises, la procédure fut longue à se mettre en place et l'accusé en profita pour se cacher.

Depuis plusieurs années, le régiment où avait été incorporé Jean Cantarel, le 65ᵉ de Ligne, recevait la majeure partie des conscrits du département : en 1806, sur les 440 Lotois qui furent envoyés aux armées, 385 y furent affectés, contre 26 au 1ᵉʳ de Ligne, 14 au 14ᵉ Chasseurs et 15 au 4ᵉ Régiment d'Artillerie à pied. Après le déclenchement des poursuites judiciaires contre Pierre Maury, Jean Cantarel partit au printemps 1809 en campagne avec son unité contre l'armée autrichienne, qui venait d'engager les hostilités ; elles se terminèrent à l'automne suivant par une nouvelle victoire de Napoléon Iᵉʳ et le 65ᵉ de Ligne fut alors dirigé vers la péninsule ibérique.

En septembre 1810, le régiment fut envoyé à l'attaque du Portugal, menée par le maréchal Masséna. L'expédition, mal conçue et exécutée, se déroula dans des conditions particulièrement difficiles et les objectifs furent tout, sauf atteints : sur les 65 000 soldats français qui passèrent la frontière portugaise, 25 000 moururent à la bataille de Busaco ou à l'attaque des lignes fortifiées de Torres Vedras, mais aussi des suite du froid, de la famine et des épidémies. L'armée française fut contrainte à la retraite et c'est à la fin de celle-ci, le 1ᵉʳ mars 1811, alors qu'elle avait pratiquement regagné l'Espagne, que Jean Cantarel perdit la vie.

Figure 39. Le village de Torres Vedras était sur la première des trois lignes fortifiées dites de Torres Vedras.

Un an plus tard, Pierre Maury n'avait toujours pas été jugé et l'enquête était toujours en cours. Il est probable qu'ensuite, entre l'abdication de Napoléon Iᵉʳ et la restauration, en 1814, puis les Cent Jours suivis de la seconde restauration, l'année suivante, le trouble des événements et les agitations furent favorables aux individus peu recommandables : dans tous les cas, on ne sait s'il reçut le juste prix de son abject méfait.

Notre adjoint au maire versé dans l'escroquerie avait plusieurs homonymes dans la commune ; l'un d'eux, fils de Guillaume et de Jeanne Ricard, fut incorporé et affecté au 119ᵉ Régiment d'Infanterie de Ligne, 5ᵉ bataillon, 4ᵉ compagnie, unité qui ne cessa de combattre dans la péninsule ibérique de 1808 à 1813. Le 1ᵉʳ janvier 1812, alors qu'il se trouvait sur l'île d'Oléron pour aller ou revenir d'Espagne, on ne sait, il tomba gravement malade et fut admis à l'hôpital militaire du Château d'Oléron. Il y mourut le lendemain à quatre heures de l'après-midi, âgé de vingt-cinq ans.

Figure 40. La médaille de Sainte-Hélène fut décernée en 1857 aux survivants des armées de Napoléon Iᵉʳ.
Elle fut notamment remise à Jean-Pierre Catèle, de Lherm, qui avait servi au 65ᵉ de Ligne comme plusieurs de ses camarades Pontcirquois.

Un autre Pontcirquoi répondant au nom de Pierre Maury fut aussi incorporé dans l'armée impériale. On ne connait ni son unité, ni sa date d'incorporation, mais il possible qu'il ait été engagé volontaire. Agé de 21 ans, il fut pour une raison inconnue admis le 9 août 1812 à l'hôpital militaire de Saint-Vincent, dans les Landes. Il s'y éteignit le 28 septembre suivant.

Tous les jeunes célibataires ou veufs sans enfants de la commune ne partirent cependant pas courir l'Europe avec les armées de l'Empereur : certains tirèrent un bon numéro, tandis que d'autres furent réformés, avec des motifs plus ou moins valables cependant ; Pierre-Marc Devès, par exemple, avait tiré un mauvais numéro mais fut refusé par le conseil de recrutement pour cause de « lésions dans les muscles extérieurs de la main gauche » ; il est à noter qu'il était le fils du maire et qu'il se maria immédiatement après avoir été réformé : ses « lésions » devaient peut-être beaucoup aux relations de son père et, craignant un nouveau passage devant un conseil impartial, il s'assura par ce mariage de ne pas y être convoqué une seconde fois.

Ceux enfin qui ne souhaitaient pas servir mais qui n'avaient ni motif de réforme, ni relations capables de les aider à en trouver un, ni suffisamment d'argent pour payer un remplaçant, n'avaient pas d'autre choix que de se cacher pour échapper à la conscription et à leur devoir ; ils pouvaient parfois compter sur des complicités parmi leurs familles ou les ennemis du régime impérial, comme l'était vraisemblablement Arnaud Delsol, propriétaire installé sur la commune, et bénéficier de leurs réseaux clandestins. Jean Bayle, un jeune célibataire habitant Floressas mais originaire de Grézels, refusa ainsi d'être incorporé et fut pris en charge par des amis qui le menèrent chez Arnaud Delsol pour qu'il s'y cache. Le proscrit ne fut probablement pas assez discret dans sa vie d'insoumis car sa présence suspecte fut remarquée par un certain Antoine Chanut, qui en informa la gendarmerie impériale.

Le 20 février 1806 vers 18 heures, Arnaud Delsol aperçut les gendarmes qui se dirigeaient vers sa ferme ; immédiatement, il alerta son protégé et lui dit de se préparer à fuir par la cave pendant que lui-même barricadait la porte d'entrée afin de pouvoir retarder un peu les militaires. Ceux-ci avaient cependant prévu un tel scénario et l'un d'entre eux, nommé Brocard, alla se poster à la sortie de la cave pendant que ses camarades s'attaquaient à l'issue principale ; ainsi, lorsque le fuyard sortit de la maison, il se retrouva nez à nez avec le gendarme mais, sans perdre son sang froid, il tenta de le frapper avec l'instrument tranchant dont il était armé mais ne réussit qu'à lui couper le chapeau et l'habit, ce qui fut cependant suffisant pour lui permettre de se dégager et de s'enfuir à toutes jambes. Quant à Arnaud Delsol, il fut arrêté, incarcéré à la prison de Cahors et poursuivi devant le tribunal correctionnel pour « recel de déserteur ».

Les guerres du Second Empire.

La guerre de Crimée débuta en 1854. La France et l'Angleterre, soucieuses de freiner l'expansion russe en direction du Proche-Orient, décidèrent de soutenir l'Empire Ottoman en lutte contre l'empire du tsar Nicolas Ier. Le conflit dura deux ans et 100 000 soldats du corps expéditionnaire envoyé par Napoléon III périrent durant les opérations.

Figure 41. La fosse commune où sont enterrés les soldats du 4e Régiment d'infanterie de Marine morts devant Sébastopol.
(Cimetière Militaire Français de Sébastopol, Crimée, Ukraine)

Pierre Caremont servit en tant que soldat de 1ère classe au sein de la 16e compagnie du 4e Régiment d'Infanterie de Marine. C'est durant les terribles et difficiles opérations du siège de Sébastopol, qui durait depuis le mois d'octobre 1854, qu'il fut blessé ou tomba gravement malade, car il mourut à l'infirmerie d'Eupatoria, base arrière des troupes franco-anglo-turques, le 18 juillet 1855. Du fait des événements, de la mauvaise tenue des registres dans les infirmeries et de la lenteur des moyens de communication, la nouvelle de sa mort ne parvint que neuf mois plus tard à Pontcirq.

Joseph Dubreil, né le 30 juin 1834 à Tourniac dans une famille de petits paysans, fut quant à lui incorporé dans l'Artillerie et engagé en Crimée comme 2e canonnier-servant à la 9e batterie du 8e Régiment d'Artillerie. Il fut victime de la violente épidémie de choléra qui frappa l'Armée d'Orient ; admis dans un état critique à l'ambulance de la 1ère Division de Réserve le 11 décembre 1855, il s'y éteignit deux jours plus tard. Il fut l'un des 60 000 soldats morts de maladie durant cette campagne.

Figure 42. La médaille de Crimée fut décernée par la reine Victoria à tous les soldats du corps expéditionnaire.

La conquête de l'Algérie, qui avait commencé sous Charles X en juin 1830, se poursuivait et l'armée avait fort à faire pour pacifier la région et notamment la Kabylie. Antoine Baldy y fut envoyé comme grenadier au sein du 3e bataillon du 68e Régiment d'Infanterie de Ligne. Ayant contracté la dysenterie, il fut soigné à l'hôpital militaire de Batna mais, trop fortement atteint, les médecins ne purent le remettre sur pied et il mourut, âgé de 23 ans, le 2 novembre 1856.

En juillet 1870, mal conseillé et malade, cédant aux bellicistes de son entourage, du Corps Législatifs et de l'opinion, l'empereur Napoléon III répondit aux provocations de Bismarck et engagea le pays dans une guerre contre la Prusse alliée aux Etats allemands. Très médiocrement commandée, son armée subit revers sur revers dès les premiers combats : la charge héroïque des cuirassiers de Reichshoffen, le 6 août, ne changea pas plus le cours du conflit que les prodiges de bravoure déployés à Saint-Privat et à Gravelotte, entre le 16 et le 18 août. Début septembre, la messe était dite : le maréchal Bazaine s'était enfermé dans Metz avec ses 175 000 hommes à bout de forces, tandis que l'Empereur était encerclé à Sedan, où il capitula, son armée à bout de munitions, le 2 du même mois.

Profitant de la défaite et de la captivité de Napoléon III, un « gouvernement de la Défense Nationale » proclama la République deux jours plus tard. Il leva alors la masse de la Garde Nationale, avec les régiments de mobiles et les compagnies de francs-tireurs, pour s'opposer aux Allemands qui avançaient toujours en territoire français ; les nouvelles divisions ainsi constituées dans l'urgence furent employées de façon parfois incompréhensible et, malgré quelques succès dus à la vaillance des troupes plutôt qu'à la fébrilité des dirigeants de la toute nouvelle IIIe république, elles furent battues à leur tour ; d'ailleurs, après la perte des meilleures unités de l'armée impériale durant l'été, un redressement de la situation était-il possible ?

La France n'avait pas fini de tomber : la commune de Paris entra en insurrection le 18 mars 1871 en réaction à l'armistice négociée par Adolphe Thiers avec les Prussiens ; le spectre de la guerre civile plana à nouveau sur le pays.

Les Pontcirquois en âge de porter les armes vécurent cette période troublée comme les autres Français, que ce soit dans les armées impériales ou dans celles de la république, et certains d'entre eux laissèrent leur vie dans l'aventure. Philippe Aladel, soldat au 113ᵉ Régiment d'Infanterie de Ligne, participa à la défense de Paris, assiégé par les Allemands depuis septembre 1870 ; blessé, peut-être aux combats de Stains ou à la bataille du Bourget qui se déroulèrent les 21 et 22 décembre, ou sous les importants bombardements ennemis commencés le 27 décembre, il fut amené à l'hôpital militaire du Val-de-Grâce où il s'éteignit le 30 décembre 1870. Les aléas du siège, puis les troubles révolutionnaires de la commune et la répression qui s'en suivit provoquèrent une immense désorganisation et la perte de nombreux documents : son décès ne fut connut à Pontcirq que le 17 août 1873, soit deux ans et demi plus tard.

Figure 43. Médaille commémorative de la guerre 1870-1871.

Pierre Dubrel fut incorporé dans l'armée impériale et prit part au conflit au sein de la 2e compagnie du 1er bataillon du 94e Régiment d'Infanterie de Ligne. A la mi-août 1870, il participa probablement aux furieux combats de Rezonville et de Saint-Privat, autour de Metz, mais fut séparé de son régiment avant que celui-ci ne s'enferme dans Metz avec le reste de l'armée du Rhin qui, sous les ordres du maréchal Bazaine, résista jusqu'à la dernière extrémité avant de se rendre, le 23 octobre suivant. Débandé comme des milliers d'autres soldats, il poursuivit la guerre durant plusieurs semaines au sein d'une unité de rencontre, peut-être des francs-tireurs, avant d'être gravement blessé ou de tomber sérieusement malade du côté de Nancy (alors occupé par les Allemands) ; il fut emmené à une ambulance dite de « la Maison Forestière », mais les soins qu'on lui prodigua furent insuffisants à le maintenir en vie et il rendit l'âme, à 25 ans, le 19 janvier à midi. Ici encore, les désordres firent que sa famille n'apprit la nouvelle qu'assez tardivement, étant donné qu'elle n'arriva que six mois plus tard à Pontcirq.

Figure 44. Les combats du cimetière de Saint-Privat, notamment défendu par le 94e RI.
(Alphonse de Neuville, le cimetière de Saint-Privat, musée d'Orsay)

Les conquêtes coloniales.

Débutée en 1830, la conquête de l'Algérie n'en finissait pas et le travail de pacification, entre révoltes et épidémies, était particulièrement ardu. De nombreuses troupes restaient ainsi stationnées dans le pays et cela faisait maintenant plus de vingt ans que de jeunes Pontcirquois y étaient régulièrement affectés. L'un d'eux, Antoine Bousquet, fils naturel de Jean-Pierre Bousquet, propriétaire (au Cluzel semble-t-il), et de Cécile Pradié, d'une famille de Pontcirq, était âgé de 22 ans et servait à la 4e compagnie du 2e bataillon du 2e Régiment de Zouaves. Il ne mourut pas des balles rebelles, mais de la méningite : il en décéda le 13 mai 1876 à l'annexe de Tebessa, qui dépendait de l'hôpital militaire de Constantine.

Dix ans plus tard, un autre jeune conscrit Pontcirquois fut victime de la maladie alors qu'il se trouvait au Maghreb : Nicolas Bris était un Pontcirquois d'adoption, car né à Lherm ; il fut atteint par la typhoïde alors qu'il servait comme soldat au sein de la 3e compagnie du 29e Bataillon de Chasseurs à Pieds, stationné à Gabès, en Tunisie ; il en mourut à l'hôpital militaire local le 27 novembre 1886, alors qu'il avait tout juste 23 ans.

L'Algérie ne fut pas qu'une terre où les jeunes pontcirquois furent astreints à faire la guerre aux tribus rebelles. Ayant choisi d'en faire une colonie de peuplement, le gouvernement fit la promotion de l'émigration et de l'installation sur cette terre où tout restait à faire, offrant des avantages significatifs pour décider non seulement des Français, mais aussi des hommes de toute l'Europe, à quitter leurs pays pour vivre au loin une vie nouvelle et meilleure.

L'appel fut entendu à Pontcirq : Jean Maury, un cordonnier de Tourniac, partit avec sa femme et sa fille rejoindre cette terre promise ; respectivement âgés d'au moins 45 et 35 ans au moment où ils partirent[45], les époux Maury se fixèrent à la Chiffa, dans le département d'Alger. Leur fille Anne,

---

[45] Ils avaient ces âges lorsque leur fille Anne naquit à Tourniac, le soir du 20 septembre 1858.

devenue adulte, épousa un sergent de la 20e Section d'Ouvriers d'Administration, avec qui elle s'installa à Mascara, dans le département d'Oran. Tomba-t-elle gravement malade, fut-elle victime d'un accouchement difficile ? On ne sait, mais toujours est-il qu'elle s'éteignit particulièrement jeune, à 26 ans, le 29 avril 1884.

Figure 45. L'église de Mascara.

De l'Amérique du Sud à la Polynésie en passant par l'Afrique, le soleil ne se couchait jamais sur l'empire colonial français, aussi les besoins en administrateurs et en soldats étaient-ils particulièrement importants. En Asie, la France avait pris pied en Indochine en 1858 puis avait progressivement imposé son protectorat à l'ensemble de la péninsule. En 1884, elle s'engagea dans une guerre contre la Chine pour le contrôle du Tonkin. Antoine Chatain, du Causse du Cluzel, y fut envoyé comme 2e canonnier à la 5e batterie du 23^e

régiment d'infanterie[46] ; la campagne fut difficile : la chaleur était moite et étouffante dans les rizières, des rats, des puces des bois et des dizaines d'autres type d'insectes s'attaquaient aux hommes, qui n'avaient qu'une alimentation insuffisante pour subsister et devaient de plus supporter des équipements totalement inadaptés. Comme des centaines de ses camarades, Antoine Chatain s'épuisa progressivement et devint une proie de choix pour la maladie : frappé par le choléra, il fut transporté à l'ambulance de Bac-Hat, où il mourut le 24 octobre 1885 à 18 heures, à l'âge de 24 ans.

Figure 46. Convoi d'artillerie passant la Rivière Noire. Bataille d'Hong-Hoa (1884).
(Photo du docteur Charles-Edouard Hocquart. Campagne du Tonkin.)

Antoine Chatain était l'arrière-grand-oncle de Charles Chatain, aujourd'hui et depuis toujours domicilié au Causse du Cluzel, dans la maison familiale.

---

[46] Il peut sembler anormal de trouver ainsi une batterie d'artillerie au sein d'un corps d'infanterie. Le 23e Régiment d'Infanterie était pourtant le seul régiment du corps expéditionnaire à porter ce numéro. Il faut donc croire que des batteries d'artillerie avaient été rattachées à des unités d'infanterie durant cette campagne.

En faisant des travaux dans celle-ci, il retrouva des lettres envoyées du Tonkin par son aïeul ; celui-ci écrivait notamment à son frère, l'arrière-grand-père de Charles, de ne surtout pas demander à servir aux colonies d'Asie, car le climat y était très malsain et était la cause de sa maladie. Ces lettres se sont malheureusement perdues.

Un autre Pontcirquois servit en Indochine, mais dans une unité un peu particulière. Antoine Cabanes, né au Bout-de-la-Côte en 1862, commit quelque crime ou délit et fut, suite à cela, envoyé en prison. Encore jeune, il n'avait pas effectué son service militaire et, lorsque le moment fut venu, il fut incorporé dans un bataillon d'infanterie légère d'Afrique ; ces unités, communément appelés les « Bat' d'Af », étaient des unités disciplinaires où étaient envoyés les jeunes qui avaient été condamnés à plus de trois mois d'incarcération. La discipline y était rude et les hommes qui y servaient, surnommés les « Joyeux », avaient tout sauf la réputation d'être des enfants de coeur[47]. Le chasseur Antoine Cabanes appartenait 2e Bat' d'Af, celui des « Zéphyrs » (surnom spécifique donné aux soldats de cette unité) lorsqu'il fut versé à la 3e compagnie du bataillon de marche de ce corps, qui combattait au Tonkin depuis 1883. Cette campagne fut particulièrement difficile pour les bataillonnaires car ils furent souvent en situation d'infériorité numérique. Nombreux furent cependant ceux qui, comme dans les autres unités, n'échappèrent aux balles ennemies que pour succomber aux maladies ; ce fut le cas d'Antoine Cabanes : fortement atteint par le paludisme, il s'éteignit à l'hôpital militaire de Lang-Son le 3 septembre 1887, à l'âge de 25 ans. Il fut le dernier enfant de Pontcirq à payer de sa vie l'expansion coloniale du pays, mais il est probable que parmi

---

[47] Profitons de cette évocation pour préciser que les Bataillons d'Afrique sont les seules unités disciplinaires de niveau bataillon à avoir existé dans l'Armée Française. Il n'en restait plus qu'un avant 1940 et, après 1945, ceux qui furent recréés furent progressivement transformés en unités normales. Le dernier a été dissous en 1972, mais il n'avait alors plus rien de disciplinaire. Il convient de préciser qu'il n'a jamais existé de régiments disciplinaires, et encore moins de prétendus régiments « semi-disciplinaires » où des appelés du contingent auraient pu servir. Il ne s'agit là que de simples fables du service militaire.

ceux qui en revinrent, beaucoup conservèrent des traces de ces séjours dans les colonies lointaines, comme des crises de malaria ou des séquelles de blessures de guerre.

D'autres jeunes partirent au loin, non pour participer aux conquêtes coloniales, mais pour répondre à leur vocation ou à l'appel de l'aventure. Pierre Besombes, né le 21 novembre 1846 au hameau de Castagné, fut ordonné prêtre à Montauban en 1870 puis exerça son sacerdoce pendant quelques années dans le Tarn-et-Garonne. Au bout de six ans de prêtrise, il décida de faire évoluer son engagement religieux en prenant l'habit du missionnaire ; il s'embarqua ainsi pour la Chine courant 1877. Durant une quinzaine d'années, il occupa plusieurs postes dans le Sichuan oriental et fonda plusieurs missions dans les montagnes de la province voisine du Guizhou, mais son œuvre fut ruinée en 1892 par un mouvement de persécution anti-chrétien. On ne connait pas la suite de sa vie, qui fut assez courte car il s'éteignit à la mission de Li-Tou-Pa, le 27 juillet 1899.

Figure 47. La Médaille Coloniale fut créée en 1893 pour récompenser la participation aux actions de guerre dans les colonies.

Jean Rascouailles quitta la commune vers 1886, répondant à l'appel du lointain et, peut-être, cherchant à échapper à la pauvreté. L'Amérique attendait les hommes entreprenants, tout y était possible : il décida de tenter l'aventure au Brésil. Après avoir traversé l'océan Atlantique, il s'installa à Buenos-Aires où il réussit à se faire une situation ; il fondit ensuite une famille et, au bout de quelques années, il put cesser de travailler pour vivre de ses placements. Durant tout ce temps, il ne coupa pas les ponts avec Pontcirq car, en 1910 ou 1911, il décida de revenir au pays pour un motif que l'on ignore ; venu seul, il ne devait rester que quelques mois avant de rentrer en Amérique, mais il fut atteint de folie durant son séjour et les autorités n'eurent d'autre possibilité que de le faire interner à l'asile de Leyme en décembre 1911. L'administration se tourna alors vers la commune pour qu'elle paie les frais d'internement mais, sachant que Jean Rascouailles était très fortuné, le conseil municipal refusa de verser un seul centime. On ne sait malheureusement ce qu'il advint ensuite de ce Pontcirquois brésilien à l'esprit malade.

Préparer la « revanche ».

En 1872, la jeune IIIᵉ République fit abolir le tirage au sort et instaura la conscription ; tous les citoyens de sexe masculin durent alors satisfaire aux obligations d'un service militaire dont la durée fut initialement fixée à cinq ans ; elle passa ensuite à deux ans en 1905 avant d'être ramené à trois en 1913. Les jeunes étaient préparés à servir aux armées depuis l'école, où on leur enseignait le culte de la revanche, celle qui viendrait venger la défaite de 1870-71, et certains, nous l'avons vu plus haut, furent même astreints à des exercices militaires durant les années 1880.

Chaque année, le conseil de révision se déplaçait dans les chefs-lieux de canton et examinait les jeunes gens de la classe concernée avant de les déclarer bons, ou pas, pour le service. La venue de ce conseil était une date importante, car elle marquait le début de la vie d'homme pour les adolescents qui étaient alors appelés. Le maire se faisait un devoir d'y assister et, afin d'y faire bonne figure, il commanda en 1898 chez Lavauzelle, à Paris, un manuel de recrutement qui lui permettrait de discuter en amateur éclairé avec les militaires et les autres personnalités présentes. Placé sous la présidence du préfet, le conseil de révision était généralement composé d'un conseiller de préfecture, d'un autre d'arrondissement, de deux officier supérieurs dont l'un commandait le dépôt de recrutement et, bien sûr, d'un médecin militaire. La séance était publique.

Les jeunes étaient mesurés, pesés et interrogés. Après 1873, la consultation du médecin devait se faire à huis clos mais, dans la pratique, il n'était pas rare que les appelés se retrouvent nus ou presque devant l'assistance.

Ceux que l'on avait déclaré « bons pour le service armé », fiers, ornaient leur veste d'une cocarde tricolore et d'autres signes distinctifs achetés aux camelots qui avaient installé leurs étals devant la mairie du canton pour l'occasion. Ils allaient ensuite faire une grande fête, avec un repas au restaurant, puis chahutaient jusque tard dans la soirée ; les festivités pouvaient durer jusqu'à trois jours. Ces débordements étaient parfois très agités, mais on ne sait s'ils gardèrent le caractère dangereux qu'ils avaient durant le second empire : en effet, il était alors de tradition de tirer des coups de feu en l'air et, comme l'ambiance était euphorique, excitée et alcoolisée, il survenait naturellement de très graves accidents. Suite à certains de ceux-ci, en 1863, le préfet du Lot alerta les maires en leur demandant d'interdire ces pratiques ; celui de Pontcirq s'exécuta le 28 mars, mais il n'est pas certain que son arrêté municipal ait suffi à totalement les éradiquer.

Bien qu'être déclaré « bon pour le service » était une fierté pour la plupart des jeunes gens, les plus pauvres d'entre eux ne pouvaient toutefois envisager sans difficulté de partir au loin pour de longs mois en laissant leur famille sans ressources derrière eux. D'autres, dont la fibre nationale était inexistante, n'avaient aucune envie d'aller vivre en caserne et en camps. Les demandes d'exemptions étaient cependant assez peu fréquentes, mais l'on en trouve notamment deux, que le conseil municipal appuya en février 1914, celles de Jean-Louis-Azael P. et de Henri L.

Plutôt que de se faire exempter, la plupart des jeunes dont les proches étaient nécessiteux cherchaient de l'aide auprès du conseil municipal pour passer cette épreuve difficile. En 1906 par exemple, le départ du fils D. pour le régiment était une catastrophe annoncée car il avait de nombreux frères et sœurs que son père, malade et myope, ainsi que sa mère, faible et constamment alitée, ne pouvaient nourrir sans son secours. Face à cette situation, le conseil décida d'aider la famille, dont les parents étaient de plus respectés dans la commune, en lui octroyant une allocation financière journalière. Il en fut de même pour la famille B. en 1911.

Figure 48. Caserne du 2e Génie à Montpellier.

Pour les trois frères T., l'envoi au service militaire du cadet, prénommé Manuel, fut un véritable drame : non seulement la fratrie vivait dans l'indigence la plus totale, mais surtout le jeune homme mourut durant son service. Pour faire rapatrier son corps à Pontcirq depuis le 2e Régiment du Génie de Montpellier, les deux aînés, Léon et Jean, durent débourser la somme très importante de 350 francs ; démunis, ils demandèrent une aide au conseil municipal. Celui-ci décida de leur accorder la somme de 50 francs, mais elle serait directement donnée à M. Gabriel Lavergne pour le payer du transport du cercueil qu'il avait effectué de la gare de Saint-Denis à Pontcirq ; Gabriel Lavergne était alors le maire de la commune : charité bien ordonnée commence par soi-même… Le conseil décida aussi de les aider à obtenir un secours du ministère de la Guerre.

Toutefois, bien plus que le service militaire en lui-même, où les hommes étaient généralement célibataires et sans charges, c'étaient les périodes de réserve obligatoires qui gênaient le plus les pères de familles nécessiteuses. Lorsqu'ils étaient ainsi convoqués, ils pouvaient présenter une demande d'exemption au conseil municipal qui donnait un avis, ensuite transmis au préfet pour décision définitive. Ces démarches mettaient souvent en évidence l'extrême détresse dans laquelle vivaient certains Pontcirquois. Baptiste C., de la classe 1884, se trouva ainsi en 1900, âgé de 36 ans, rappelé pour une période de quinze jours, mais sa situation personnelle ne lui permettait pas un tel sacrifice, aussi demanda-t-il a en être exempté : il ne possédait en effet que quelques terres ne rapportant presque rien et sa santé défaillante l'empêchait souvent d'aller gagner son salaire de terrassier alors qu'il avait deux enfants en bas âge à nourrir et dont il s'occupait seul car sa femme venait de mourir. Considérant que s'il venait à quitter son domicile, ceux-ci seraient alors réduits à « la plus noire misère et abandonnés à la charité publique », le conseil soutint avec force sa demande d'exemption.

Deux ans plus tard, Louis B. ne se trouvait pas dans une meilleure situation : ouvrier terrassier payé à la journée lui aussi, il était veuf et avait la charge de sa vieille belle-mère en plus de celle de ses deux filles, âgées de un et trois ans ; il lui était réellement impossible de les quitter durant 28 jours comme le lui demandait la convocation qu'il avait reçu de son régiment, le 2e Génie de Montpellier. Le conseil municipal appuya naturellement sans réserve sa demande d'exemption. Il en fut de même pour Antoine B., territorial de la classe 1889 convoqué pour treize jours : sa présence dans ses foyers était indispensable car, en plus de sa femme, il devait subvenir aux besoins de sa mère aveugle et de son frère « usé par la vieillesse » alors que ses revenus étaient particulièrement réduits. Ce ne sont pas les seuls exemples et, ici et là dans les registres, on trouve mention de ces individus pour qui une convocation militaire de 15 jours à un mois pouvait mettre en grand danger un équilibre familial particulièrement fragile.

Figure 49. Rostassac et la vallée du Vert au début du XXe siècle.

Si l'on excepte celles des hommes très pauvres chargés de famille, les demandes d'exemption étaient relativement peu fréquentes : le patriotisme était alors la valeur majeure et les anciens de toutes les guerres étaient là pour rappeler la jeune génération à son devoir. Les anciens chasseurs à pied pouvaient même s'enorgueillir d'être du même pays que le héros de la bataille de Sidi-Brahim, qui avait opposé le 8e Bataillon de Chasseurs à Pied et un escadron du 2e Hussards aux 10 000 soldats algériens d'Abd-El-Kader, du 23 au 26 septembre 1846 ; le sergent Lavayssière était en effet originaire de Castelfranc, où il passa sa retraite jusqu'à sa mort, en 1892 ; plus tard, ils se réunirent régulièrement auprès du monument élevé à sa mémoire en 1911, à l'entrée de Castelfranc. Les anciens des armées de Napoléon III, qui avaient bataillé de la Crimée au Mexique en passant par l'Italie, et ceux qui avaient fait la campagne de 1870-71 avaient aussi leurs réunions et ils constituaient un puissant groupe d'anciens combattants. Quant aux plus jeunes, qui avaient combattu en Asie et en Afrique, parcouru des déserts, des forêts exotiques et franchi les océans, ils étaient l'image d'un pays fier et sûr de lui-même.

A la veillée, après un verre de prune et en roulant du tabac gris, les plus vieux évoquaient encore les souvenirs de guerre que leurs pères, qui avaient suivi le Petit Caporal dans toute l'Europe, leur avaient racontés des années auparavant. Certains de ces ancêtres avaient servi dans la cavalerie de Joachim Murat, le fils du petit aubergiste de Labastide-Fortanière[48] qui, de simple engagé volontaire, parvint par sa bravoure au titre de maréchal d'Empire, épousa la sœur de Napoléon Ier avant de devenir Grand Duc de Berg, puis roi de Naples. D'autres avaient obéi aux ordres de Jean-Baptiste Bessières, l'enfant de Prayssac qui devint lui aussi maréchal d'Empire, puis duc d'Istrie et commandant de la Garde Impériale avant de mourir en effectuant une reconnaissance pendant la campagne de Saxe, le 1er mai 1813. Les jeunes, bercés par toutes ces histoires de grandeur et de gloire, ne se doutaient probablement pas que les lauriers qu'ils auraient à cueillir seraient les plus sanglants de toute l'histoire de l'Humanité.

---

[48] Aujourd'hui Labastide-Murat.

Figure 50. La famille Lagarde dans son jardin, à la Crouzette, au début du XXe siècle : un monde qui va disparaître. *Coll. Montagne.*

Chapitre VIII

La grande hécatombe (1914-1918)

La déclaration de guerre éclata comme un orage d'été le 3 août 1914. On l'attendait pourtant : les affiches de la mobilisation générale étaient placardées depuis deux jours et les hommes, suivant les consignes inscrites sur leurs livrets militaires, avaient déjà commencé à rejoindre leurs corps. La clameur de la mobilisation ne dura pas car, en quelques jours à peine, la commune se vida de presque tous ses hommes valides ; en partant, ils avaient dû promettre de rentrer bientôt, après avoir prestement battu ces « Alboches » qui n'avaient rien trouvé de mieux que de déclencher la guerre pendant les moissons. Après leur départ, le silence se réinstalla sous le lourd soleil de plomb estival, baignant de sa torpeur les femmes, les enfants et les adolescents, les vieux et les quelques hommes des classes plus anciennes de l'armée territoriale qui attendaient encore leur rappel. Il fallut pourtant aller au-delà de cette angoisse prenante : le blé devait être moissonné, aussi tous se mirent-ils au travail.

Le conseil municipal se réunit en séance extraordinaire dès le 13 août pour examiner les aides à donner aux familles qui se retrouvaient dans une situation délicate suite au départ de l'homme : chez les Deltheil, les vieux parents étaient malades et l'épouse avait encore un nourrisson sur les bras, tandis que, chez les Baldy, elle restait seule avec trois petits enfants ; sept familles furent ainsi jugées dans le besoin et aidées financièrement.

L'hémorragie des hommes se poursuivit durant les mois suivants, bien que de façon moins brusque, avec le rappel des classes versées dans l'armée territoriale. En effet, si certains comme Antoine Albagnac, de Rostassac, ou Jacques Labroue, de Pontcirq, tous deux âgés de 38 ans, avaient respectivement été rappelés dès les 4 et 6 août, d'autres, comme Jean-Pierre Cussat et Antonin Bousquet, qui étaient de la même classe et habitaient respectivement le Cluzel et Pontcirq, le furent le 9 octobre 1914 et le 25 janvier 1915. Intégrés dans les régiments d'infanterie territoriale, le 131e en ce qui concerne la région de Cahors, ces conscrits déjà âgés ne devaient normalement pas participer aux opérations en rase campagne, n'en étant ni jugé aptes ni équipés en conséquence.

Les tâches principales dévolues aux territoriaux consistaient essentiellement à assurer des services de garde dans les gares, les villes et sur les voies de communication, ainsi qu'à armer la défense des forts et des places fortes. Ils étaient aussi chargés de travaux de terrassement, de construction de tranchées, etc. En fait, dès le début du conflit, ils furent engagés pour amener le ravitaillement aux premières lignes, récupérer le matériel abandonné sur les champs de bataille, escorter et garder les prisonniers, ainsi que pour ramasser les cadavres. Ensuite, pour faire face aux besoins toujours croissants en effectifs, les unités territoriales furent envoyées en première ligne dans les zones dites « calmes » avant de se retrouver ensuite et assez souvent au contact de l'ennemi dans tous les secteurs du front.

D'autre part, dès les premiers mois du conflit, des hommes furent prélevés dans l'infanterie territoriale pour combler les pertes subies dans les régiments d'active. Jean-Pierre Cussat, rappelé au 131e Territorial, n'y resta qu'un mois et monta au front avec le 207e d'Infanterie, régiment de réserve de Cahors ; il fit campagne dans ses rangs jusqu'au 12 mars 1915 avant de rejoindre le 131e, au dépôt de Cahors tout d'abord, puis dans la zone des opérations. Antoine Albagnac fut quant à lui muté après un peu plus d'un an de service du 131e Territorial au 2e Génie. Quant à Jacques Labroue, affecté à la 17e Section Territoriale d'Infirmiers Militaires, qui fut rattachée au 7e d'Infanterie de Cahors, il connut d'emblée les effroyables effets de la guerre moderne en soignant les blessés des premières batailles.

Figure 51. La caserne du 7e RI à Cahors avant 1914.

Le sort des territoriaux n'était ainsi guère plus enviable que celui des hommes des classes plus jeunes, à l'exception des rares qui, comme Antonin Bousquet, trouvèrent une « planque » loin des balles et des éclats d'obus : après huit mois passés au 131e, probablement au dépôt de Cahors car il ne fut jamais envoyé au front, il réussit à se faire muter dans le service auxiliaire pour cause de « varices noueuses et remontantes », et fut affecté à la Poudrerie Nationale de Toulouse.

Malgré la guerre et le départ des hommes jeunes, la vie continuait. Le conseil municipal élabora son budget pour 1915 et le vota fin septembre, tandis que certains de ses membres participèrent aux élections du tribunal de commerce. On eut la satisfaction de recevoir un courrier annonçant que le directeur des Postes et Télégraphes avait accepté une requête datant du 7 juin précédent, à savoir la mise en place d'une boite aux lettres au Cluzel… On n'imaginait sans doute pas à quel point elle allait être utile durant les quatre années suivantes pour les familles attendant désespérément des nouvelles de leurs soldats. L'activité du conseil connut ensuite un net ralentissement, car après la dernière réunion de novembre 1914, il fallut attendre le mois de mai de l'année suivante pour le voir assemblé à nouveau.

Pierre Dubreil, adjoint au maire, reçut l'avis de décès du premier mort à l'ennemi de la commune le matin du 30 mars 1915. C'était Henri Laytou, fils de Jean et de Françoise Salinié, installés comme cultivateurs au lieu-dit « Lagrèze ». Il avait été incorporé, tout juste âgé de 20 ans, à la 11e compagnie du 158e Régiment d'Infanterie et avait été tué à Noulette, dans le Pas-de-Calais, six jours plus tôt. Son régiment, placé devant la route d'Arras, avait affronté une forte fusillade durant toute la nuit avant d'être pris à partie par l'artillerie dans la matinée : 36 obus, dont 12 de 105 mm, étaient tombés sur les positions. Henri Laytou avait été ce jour là le seul mort de son unité.

Suite à la nouvelle de la mort aux armées du premier Pontcirquois, qui faisait suite à celles de nombreux jeunes des communes voisines, les parents de soldats mobilisés redoutèrent de plus en plus la visite du maire, ou de son adjoint, accompagné ou non des gendarmes. Baptiste et Marie Delfort étaient certainement parmi les plus inquiets : ils n'avaient plus aucune nouvelle de leur fils Urbain, âgé de 24 ans, depuis qu'il avait été porté disparu dans les Ardennes, sept mois plus tôt ; ils espéraient… En juin 1915, ils furent rejoint dans l'attente par une famille de cultivateurs du bourg de Pontcirq, les Chaussard, qui avaient à leur tour reçu l'avis de disparition de leur garçon, prénommé Adolphe et âgé de 20 ans, conducteur d'automobile de profession incorporé au 97e d'Infanterie.

Les proches des mobilisés, s'ils craignaient certes l'arrivée d'une funeste nouvelle, avaient aussi la peur au ventre de voir les jeunes partis en pleine forme revenir complètement diminués, malades et brisés… La guerre rejetait déjà ses premières épaves… Aux Junies, on avait vu en mars 1915 revenir Elie Labro qui, très malade après quelques mois passés au front, s'était doucement éteint un mois après son retour.

Malgré les mauvaises nouvelles, les affaires suivaient leurs cours et ceux qui étaient restés ne pouvaient s'arrêter de vivre parce que ceux qui étaient parti risquaient la mort chaque jour. Le conseil municipal approuva son compte financier 1914 en mai 1915 : comme d'habitude, la situation de la commune était précaire et il fallut prévoir une imposition extraordinaire pour équilibrer le budget de l'exercice à venir. Guerre ou pas, il fallait entretenir les chemins et les routes, établir les listes fiscales, classer les propriétés pour les contributions foncières, etc.

On avait apprit au début du mois de mai 1915 la mort de Joachim Cosse, le jeune instituteur qui, originaire de Frayssinet-le-Gélat, était quelques années plus tôt venu prendre la relève de M. Lagarde. Soldat au 7e d'Infanterie de Cahors, il avait durant plusieurs semaines tenu les tranchées en Champagne, du côté du tristement célèbre village de Perthes-les-Hurlus, dans d'épouvantables conditions de froid et de pluie. Le 16 février, le général de Langle de Cary lança sa IVe armée à l'assaut des positions allemandes et le 7e RI fut spécialement chargé d'attaquer le « bois rectangulaire » ; c'est là, durant cette opération, que Joachim Cosse fut fauché.

Figure 52. Le bois rectangulaire à Perthes-les-Hurlus

On ne sait si Antoine et Marie-Laurence Ricard, propriétaires au lieu-dit « Laborie », avaient été informés des graves blessures que leur fils Paul-Guillaume, soldat de 2ᵉ classe au 11ᵉ Régiment d'Infanterie, avait reçu sur le front d'Artois. Evacué du champ de bataille après avoir connu l'enfer du brancardage et des postes de secours pilonnés par l'artillerie, il avait effectué un long trajet en train sanitaire qui l'avait mené jusqu'à l'hôpital auxiliaire n°63 de Saint-Génis-Laval, dans le Rhône. Il était malheureusement trop gravement atteint et les médecins ne purent le garder en vie ; après une agonie de plusieurs jours, il succomba le 12 décembre 1915, un mois avant son 24ᵉ anniversaire. Ses parents en furent rapidement informés et, il ne nous est pas interdit de l'espérer, les détails leurs restèrent peut-être inconnus.

A l'aube du 21 février 1916 commença le terrible bombardement allemand sur Verdun, qui ouvrit ce qui allait être la plus terrible bataille de la guerre. Alors qu'une pluie d'obus tombait déjà depuis quelques heures sur le front des Hauts-de-Meuse, anéantissant les chasseurs du colonel Driant au bois des Caures et transformant les villages de Brabant et de Vaux en champs de ruines, le conseil municipal s'assembla pour sa première réunion de l'année ; sans se douter de l'enfer que subissaient leurs fils au même instant sur les collines enneigées du Verdunois, les élus exprimaient leur inquiétude concernant la désertification du hameau de Pontcirq et décidaient, pour la contrer quelque peu, de poursuivre le bail du presbytère pour monsieur le curé ; ils s'occupèrent aussi des droits à la retraite de Michel Valadié, qui arrivait sur ses soixante-dix ans et se trouvait dans une situation chaque jour plus précaire ; le même jour, on admit aussi au bénéfice de l'assistance du bureau de bienfaisance Marie Pinquié, une pauvre femme qui avait la charge d'une famille nombreuse.

Jean-Louis-Azael Peytavi était né, avec son frère jumeau Jean-Jacques-Abel, le 4 septembre 1894 dans la maison familiale de Tourniac, où ses parents étaient propriétaires. Soldat dans une compagnie de mitrailleuses, il fut comme des dizaines de milliers d'autres envoyé sur le front de Verdun avec son unité, le 97ᵉ d'Infanterie. Cela faisait maintenant un mois que les Allemands essayaient de percer le barrage de poitrines que les généraux français leur opposaient, à défaut d'artillerie lourde. Le régiment de Jean-Louis-Azael fut ainsi chargé d'occuper des positions sur la colline de Vaux pour repousser les furieux assauts de l'ennemi qui voulait s'emparer du fort qui la couronnait.

Figure 53. Boyau dans les environs du fort de Vaux (1916).
(Photo : L'illustration)

En Lorraine, le printemps est en retard par rapport au Quercy et les tranchées, ou ce qu'il en restait, n'étaient que de sombres bourbiers d'où émergeaient ici et là des caisses de munitions, des rouleaux de barbelé et des cadavres ; pris dans la fusillade et le bombardement, le jeune homme devait regretter la quiétude de son village et le doux climat du Quercy, mais il était dit qu'il ne les reverrait jamais. Il fut gravement blessé mais des brancardiers, le jugeant « sauvable »[49], le ramassèrent pour le transporter, toujours sous les obus, jusqu'au poste de secours le plus proche ; dans ce réduit puant le sang, les entrailles ouvertes et l'urine, il reçut les premiers soins et attendit, au milieu des hurlements des dizaines de blessés entassés à ses côtés, qu'une accalmie du bombardement permette son évacuation. Il avait 23 ans ; il était gravement touché certes, mais s'il survivait, la guerre était finie pour lui. Après plusieurs heures d'une cruelle attente, il parvint enfin à Vadelaincourt, où se trouvait l'hôpital d'évacuation n°6 ; trop touché, atteint de gangrène ou victime de complications, il s'y éteignit le 23 mars 1916, vers quatre heures de l'après-midi.

Figure 54. Le village de Fleury au début de la bataille de Verdun.

La bataille de Verdun fut un continuel bombardement d'artillerie sous lequel les hommes s'étripaient au fusil, à la mitrailleuse, au mortier, mais aussi et surtout au couteau et à la baïonnette, quand ce n'était pas à la pelle de tranchée. Les hommes étaient affreusement déchiquetés tandis que des milliers de

---

[49] Face à l'immensité de leur tâche, habituellement effectuée en pleine bataille, les brancardiers étaient contraints d'effectuer un tri parmi les blessés : ils ne ramassaient que ceux qui avaient des chances de survie.

cadavres, jamais évacués, pourrissaient sur le champ de bataille, enterrés puis déterrés par l'artillerie, percés et repercés de mille balles, pulvérisés par les explosions. Les portés disparus ne furent jamais aussi nombreux. Le malheureux Louis Fournié fut l'un d'eux. Natif de Labastide-du-Vert mais demeurant à Pontcirq, il arriva avec son régiment, le 14e d'Infanterie, sur le front de Verdun le 26 juin 1916. Son unité fut envoyée combattre entre le village de Fleury et la chapelle Sainte-Fine, secteur où les Allemands faisaient d'immenses efforts pour percer ; le 4 juillet, l'ennemi avait atteint les abords de la chapelle Sainte-Fine, mais il en avait été presque immédiatement repoussé ; les combats se poursuivirent malgré tout avec la même violence et c'est le lendemain, après avoir subit des heures et des heures d'enfer, que Louis Fournié fut porté disparu avec sept autres de ses camarades.

Figure 55. Le village de Fleury aujourd'hui.

Quelques temps auparavant, Jean Chaussard, qui était veuf, avait enfin été fixé sur le sort de son fils Adolphe, porté disparu depuis de longs mois : on avait retrouvé son corps dans les ruines du bourg de Souchez, dans le Pas-de-Calais, où il avait en fait été tué 8 mois plus tôt, à l'âge de 20 ans. Son régiment, le 97e

RI, avait attaqué la zone du cimetière de Souchez au début de l'après-midi du 16 juin 1915 et avait réussit à atteindre ses objectifs avant d'avoir à repousser de nombreuses contre-attaques ennemies jusqu'au petit matin. L'affaire avait été rude : un seul bataillon avait perdu 340 hommes sur les 620 qu'il avait au départ, tandis que les officiers et sous-officiers de l'unité qui se battaient depuis août 14 estimaient avoir subit le plus effroyable bombardement et la plus grande fatigue nerveuse qui soit depuis le début de la guerre ; plus grave, le chef de corps du régiment avait déploré l'inefficacité du tir de préparation de l'artillerie française, qui non seulement n'avait fait qu'écorner les défenses allemandes, mais surtout avait souvent tiré trop court, tuant un grand nombre de ses poilus ; il avait aussi souligné le problème des grenades anglaises, livrées non amorcées et dont la préparation dans de telles conditions avait été à l'origine de graves accidents... Adolphe Chaussard était-il mort des balles allemandes ?

Figure 56. Médaille commémorative de la bataille de Verdun.

Alors que la plus grande partie des hommes de la commune se battaient, le vieux Jean-Pierre Pradié, sergent-major à la retraite depuis des années, devait suivre avec intérêt les progrès et les évolutions du conflit. Médaillé militaire, il avait connu la guerre et les victoires des premiers temps du règne de Napoléon III et devait ardemment souhaiter voir le retour victorieux de ses jeunes concitoyens. Le destin ne lui laissa pas cette joie, car ce témoin du siècle passé, né en 1829, s'éteignit dans sa maison de Pontcirq le 7 février 1917. Il avait été précédé dans la mort par l'ancien instituteur Guillaume Lagarde fils, décédé quatre jours auparavant à l'âge de 62 ans ; en poste à Pontcirq durant plus de trente ans et possessionné dans la commune, il y avait naturellement pris sa retraite. On peut s'interroger sur les sentiments certainement contradictoires que cet homme devait éprouver vis-à-vis du sacrifice de ses anciens écoliers, lui qui les avait jadis instruit dans le culte de la revanche et à qui il avait eu à cœur de faire faire des exercices de préparation militaire alors qu'ils n'étaient âgés que d'une douzaine d'années.

Après Verdun, ce fut la bataille de la Somme qui se mit à engloutir des centaines de milliers de jeunes Français. Baptiste Mazelaygue était un Pontcirquois d'adoption. Né en 1887 à Sarlat dans une famille de propriétaires, il était venu dans la commune après s'être marié, le 17 février 1912, avec Marie-Germaine Maury, une fille de paysans aisés. De leur union été né, le 25 juillet 1913, un fils que l'on avait prénommé Pierre-Baptiste-Antoine… Il se retrouva orphelin à 3 ans, lorsque son père, soldat au 152e d'Infanterie, tomba au Champ d'Honneur. Son régiment avait prit le village de Sailly le 15 octobre 1916 mais devait depuis faire face à de nombreuses contre-attaques ennemies ; dans la nuit du 18 au 19, il avait été écrasé par l'artillerie avant d'avoir à repousser les assauts de l'infanterie durant une grande partie de la journée suivante ; les obus de gros calibre avaient ensuite recommencé à pleuvoir à partir de 16 heures. A un moment donné de l'affrontement, Baptiste Mazelaygue fut très grièvement touché, mais la violence des combats ou son état, voire certainement les deux, empêchèrent son évacuation et il s'éteignit, faute de soins, quelques heures plus tard. Entre cette bataille de la Somme et celle de Verdun qui battait encore son plein, les pertes étaient immenses et l'administration éprouvait les plus grandes difficultés à transmettre les avis de décès qui se comptaient par centaines de milliers. La veuve et le fils Mazelaygue vécurent ainsi plusieurs mois dans l'incertitude la plus totale, car ils n'apprirent la funeste nouvelle que le 29 mai 1917.

Figure 57. Soldats français sur la crête de la côte 304.

Malgré la reprise du fort de Douaumont survenue le 24 octobre 1916, on continuait de se battre avec acharnement à Verdun et sur tout le front meusien. René-Gabriel Chabois était né le 13 janvier 1896 dans le XVIIe arrondissement de Paris, où son père était employé à la préfecture de police. Loin de suivre l'exemple paternel, il ne s'était pas orienté vers l'administration mais était descendu s'installer comme cultivateur au Cluzel où la famille de sa mère, Marie-Juliette Baldy, avait du bien. Issu de la classe 1916, il était certainement en service depuis moins d'un an lorsqu'il fut envoyé avec son régiment, le 342e d'Infanterie, sur la côte 304 à Verdun. Le 25 janvier, son unité tenait la première ligne sur la sinistrement célèbre côte depuis 4 jours lorsqu'un furieux bombardement d'artillerie se déclencha aux alentours de midi ; après deux heures de pilonnage intensif, les tirs cessèrent pour laisser la place aux assauts de l'infanterie, qui se poursuivirent jusqu'à 17 heures et permirent aux Allemands de s'emparer de la première ligne. Le bilan de cet après-midi sanglant fut lourd pour le régiment, car René-Gabriel fut porté disparu avec plus de 530 de ses camarades ; pulvérisé par un obus, enterré vivant, mort entre les lignes, prisonnier, son sort resta inconnu et commença alors pour sa famille une longue et douloureuse attente.

Figure 58. Tranchée au Bois Brûlé (commune d'Apremont, Meuse).
(photo : site web Pierre Grande Guerre 2006).

François-Philip Marty faisait la guerre depuis maintenant plus de 3 ans ; il avait d'abord servi au 207e RI, régiment de Cahors, puis avait été muté au 11e RI, dont le dépôt était à Montauban. Toujours soldat de 2e classe, il devait plus se préoccuper de rejoindre un jour sa famille que d'avancer dans la hiérarchie, ce qui ne l'empêchait pas de faire son devoir avec conscience et courage, car il avait été cité et décoré de la Croix de Guerre. Né le 17 novembre 1884 à Saint-Denis-Catus, il s'était marié le 11 juin 1910 avec Céleste-Elizabeth Soulignac, fille de Pierre et Eugénie, cultivateurs au Mas de Vergne, où le jeune couple s'était installé après le mariage ; une enfant, prénommée Marie-Hélène, était venue combler leur foyer le 31 mars 1913. François-Philip pensa probablement à cette petite fille, dont il peinait à se rappeler le visage tant il l'avait peu connu, lorsqu'il reçut l'ordre de monter en ligne en direction des positions du Bois-Brûlé, sur la commune d'Apremont (Meuse) ; il avait déjà survécu à tant d'assauts, tant de bombardements… La chance pourtant l'abandonna ce funeste 12 septembre 1917 lorsque, vers 20 heures, il fut frappé à la tête par un éclat d'obus alors qu'il circulait dans un boyau pour aller prendre les tranchées. Encore une fois, la lenteur administrative fit que sa famille n'apprit sa mort que cinq mois plus tard.

Quelques jours après avoir reçu l'avis de décès de François-Philip Marty, on fut averti qu'Alfred Marty, un natif de Lherm installé sur la commune, était lui aussi tombé en Meuse, au bois des Caurières sur le champ de bataille de Verdun. Le 9 novembre 1917, son régiment, le 225e d'Infanterie, était en ligne depuis plusieurs jours, subissant une intense préparation d'artillerie et les rigueurs du climat meusien, lorsque les Allemands attaquèrent à 6 heures du matin. Il y avait là, selon les renseignements français, six régiments d'infanterie, les *Infanterie Regimenten* 214, 215, 216 et 399 et les *Grenadier Regimenten* 6 et 7, un bataillon de la garde prussienne et un bataillon spécial d'assaut, le *sturmbataillon* Rohr, qui opérèrent en trois vagues d'assaut : la première était constituée de lances-flammes, la seconde par des grenadiers et des voltigeurs, tandis que la troisième était chargée de poser des réseaux de barbelés, le tout étant appuyé par des mitrailleuses et des mortiers de tranchée. Après avoir réussi à progresser dans les lignes françaises, les Allemands furent repoussés par plusieurs contre-attaques et la situation fut rétablie aux alentours de midi. C'est durant cette difficile demi-journée qu'Alfred Marty fut tué, avec 48 de ses camarades, tandis que 137 autres furent portés disparus ; il avait fêté ses 38 ans le 6 octobre précédent et avait eu la chance d'être au repos à quelques kilomètres du front ce jour-là.

L'année 1918 avançait et, avec les frimas de l'automne, l'espérance reprenait car les nouvelles du front étaient bonnes. On tremblait toujours pour les jeunes et ce d'autant plus que la fin de la guerre semblait approcher : il serait si navrant – le mot est faible – que ceux pour qui on avait eut si peur durant quatre ans meurent maintenant, à quelques jours du dénouement. Le sort d'Auguste-Julien Gizard fut pour tous les parents dans l'attente une image terrible de cette angoisse : sapeur au 21e Régiment du Génie, il avait fait la totalité de la guerre mais, après avoir été gazé, il venait de rentrer au village en permission de convalescence car atteint de très graves troubles broncho-pulmonaires ; en fait, les médecins militaires, impuissants, l'avait simplement renvoyé mourir chez lui. Il s'y éteignit le 24 octobre 1918, à 6 jours de son 29e anniversaire et à 18 du cessez-le-feu. C'est deux de ses voisins, dont Jean Chaussard qui avait déjà perdu son fils, qui allèrent déclarer son décès à la mairie.

L'armistice signé, les soldats démobilisés commencèrent à revenir en février 1919. Certains, blessés ou malades, étaient dans un triste état : Jean-Pierre Cussat était atteint de bronchite et d'emphysème, tandis que Lambert Resset, originaire des Junies mais qui déménagea à Pontcirq en 1921, était atteint de bronchite généralisée, amaigri et dans un état général jugé médiocre… Il avait quatre ans de tranchées derrière lui, toutes effectuées au sein du 9e Régiment d'Infanterie d'Agen ; il s'était suffisamment bien battu pour obtenir la croix de guerre avec la citation suivante : « *depuis le début de la campagne a toujours fait consciencieusement son devoir, a pris part aux combats de Belgique (1914), Meuse (1914), Marne Champagne (hiver 14-15), Artois (mai-septembre 15), Fleury (août 16)* [bataille de Verdun, NDA], *Moronvilliers (avril 17)* » ; pour qui connaît un peu l'histoire de la guerre 1914-1918, ce parcours laisse imaginer une somme incalculable d'épreuves et de souffrances. Il traîna sa bronchite chronique toute sa vie et sa pension d'invalidité fut portée à 60 % en 1959. Pour d'autres, ce fut une main, une jambe, un visage, des troubles psychiques… Et parfois tout ceci simultanément.

Figure 59. La Croix de Guerre, médaille emblématique de la guerre 14-18.

Les retours s'échelonnèrent jusqu'en septembre 1919 et, au fur et à mesure de l'attente, les derniers espoirs des familles des portés disparus s'évanouissaient : Louis-Guillaume Deltheil, âgé de 33 ans, servait à la 17e compagnie du 283e d'Infanterie lorsqu'il fut mortellement blessé le 19 août 1918 à Attichy (Oise), alors que son régiment attaquait furieusement les Allemands en retraite ; son décès ne fut connu à Pontcirq que le 29 mai 1919. Pour sa femme Anna-Génaïs, ses parents et son fils Marie-Alphonse, âgé de sept ans, ce fut la fin d'une longue attente. Elle céda la place au chagrin ; ils avaient de toutes leurs forces espéré qu'il était prisonnier quelque part en Allemagne, comme Gabriel Dubreil, le fils du premier adjoint Pierre Dubreil. Celui-ci, qui avait souvent eu la lourde tâche de remplacer le maire, Gabriel Lavergne, pour annoncer les décès de soldats à leurs familles, essayait pourtant de se convaincre que son garçon était tiré d'affaire mais, alors que la guerre était finie depuis plus de six mois et que de nombreux prisonniers étaient déjà rentrés, il commençait à être tenaillé par le doute : cela faisait un an et demi qu'il n'avait plus aucune nouvelle.

Plus d'un an après la fin des combats, les mauvaises nouvelles se succédaient encore : Urbain Delfort, porté disparu depuis 1914 et dont la trace était définitivement perdue, avait selon toute vraisemblance été tué le 27 août 1914 durant l'attaque de son bataillon[50] sur Noyers, dans les Ardennes. Il fut officiellement déclaré « Mort pour la France » le 28 mai 1920 ; le mois suivant, ce fut au tour de René-Gabriel Chabois, dont on était sans nouvelles depuis janvier 1917. Enfin, en novembre 1920, on connut le sort tragique du fils Dubreil, de Tourniac : issu de la classe 1912 et incorporé au 139e Régiment d'Infanterie, il avait été fait prisonnier et interné au *kriegsgefangenenlager* (camp de prisonniers de guerre) de Sagan, en Silésie[51] ; tombé malade, il avait été soigné au *lazarett* de réserve du camp, mais les médecins n'avaient pu le guérir et il s'était éteint le 21 décembre 1917 à midi. La litanie n'était pas terminée : le 21 octobre 1921, le tribunal de Cahors déclara officiellement mort Louis Fournié, porté disparu depuis le 5 juillet 1916, tandis que le décès d'Auguste Delsol, natif de la commune mais installé avant-guerre à Gindou, ne fut officialisé que le 9 juin 1922 ; initialement incorporé au 131e Territorial en raison de son âge (37 ans), il avait ensuite été, comme tant d'autres « papys », rapidement muté au 207e d'Infanterie pour combler les pertes dues aux folles offensives de l'été 14. Le 20 décembre 1914, il avait participé à une forte attaque à l'ouest de Perthes-les-Hurlus ; il avait été, comme 29 de ses camarades, porté disparu durant cette opération qui avait aussi coûté 82 morts et 231 blessés à son régiment.

On ne peut imaginer les épreuves subies par les hommes de 14-18. Le froid sans abri pour se protéger, la chaleur sans eau à boire, les balles et les obus ne

---

[50] Le 2e du 9e d'Infanterie.
[51] Cette ville s'appelle aujourd'hui Zagan et est située dans la voïvodie de Lubusz, en Pologne.

sont que des mots auxquels le commun des mortel ne peut attacher une quelconque réalité ; il en est de même avec certaines phrases que l'on trouve dans les carnets d'anciens combattants : « nous marchions sur des lambeaux de chair humaine », « nous faisions des parapets avec des cadavres » ou « mon camarade fut pulvérisé par une bombe et l'on ne retrouva de lui qu'une botte sanguinolente d'où émergeait un tibia ». Tout juste peut-on se faire une idée des puissances qui furent alors mises en œuvre pour s'entretuer en masse en parcourant les terres bouleversées d'Argonne ou de Verdun. Et si l'indicible réalité du soldat de 14-18 nous échappera toujours, quand est-il de celle de leurs proches ? Pour la saisir, il faudrait entendre les sanglots d'un millions et demi de mères qui pleurèrent leurs enfants sans savoir, heureusement, dans quel état on les avait mis ; il faudrait aussi laisser planer le silence et la stupeur de celles et ceux qui virent leurs fils, leur mari ou leur père rentrer sans bras, sans jambes ou sans visage et, enfin, il faudrait voir couler le ruisseau formé par les larmes de millions de veuves et d'orphelins. Et, puissions-nous voir et entendre tout cela que nos esprits habitués au confort et à la sécurité du XXIe siècle se refuseraient à l'accepter.

Figure 60. La croix du combattant.
(Cette médaille fut crée en 1930 pour distinguer les anciens combattants)

Souhaitant perpétuer le souvenir de ses jeunes morts pour la France, la commune décida le 27 novembre 1921 de leur faire élever un monument qui serait installé entre les deux volées d'escaliers de la mairie et financé par une souscription publique. On décida bien entendu d'y inscrire les noms des enfants de Pontcirq, mais aussi celui de Joachim Cosse qui, bien que de Frayssinet-le-Gélat, avait été l'instituteur de la commune et y était considéré comme chez lui ; il fut néanmoins aussi honoré dans son lieu d'origine, ce qui explique pourquoi son nom figure sur les monuments des deux localités. Quant à Auguste Delsol, sa mort ne fut officialisée que le 9 juin 1922, soit juste avant que la commande du monument ne soit passée ; le caractère tardif de cette nouvelle et le fait qu'il habitait Gindou explique probablement pourquoi le rectificatif ne fut pas fait. Il fut en revanche inscrit sur la plaque du monument aux morts de Gindou.

Suivant un usage courant à l'époque, les gens étaient souvent appelés par un autre prénom que celui inscrit sur leur état civil. C'était le cas pour les deux Marty et il fut choisi de les inscrire sous les prénoms avec lesquels tous leurs concitoyens les reconnaissaient, c'est à dire Félix et Albert.

La réalisation du monument fut confiée le 11 juillet suivant au sculpteur Emile Monpart, de Salviac, qui s'acquitta de sa tâche pour la somme, coquette pour l'époque, de 3 800 francs. Il livra son œuvre terminée, réalisée en pierre de Tercès, en mars 1923. L'inauguration eut lieu peu après. Le drapeau national flottait un peu partout. Tous les habitants de la commune étaient rassemblés et, au milieu d'eux, on pouvait distinguer quelques femmes en noir, certaines âgées, d'autre encore jeunes, tandis que parmi les écoliers groupés dans un coin se détachaient quelques enfants aux yeux plus humides qu'à l'accoutumée ; les anciens combattants étaient là, arborant leurs décorations et, souvent, leurs infirmités. Malgré tout le décorum, ce n'était pas un jour de fête. Ce monument, c'était certes le souvenir des enfants de la commune qui avaient tout donné pour la Patrie, mais c'était aussi toute la douleur de leurs familles qui se concentrait sur les quelques centimètres carrés de la plaque de marbre ; elle rayonnait comme le Saint-Esprit descendant au milieu des apôtres.

On attendait le discours du capitaine de Valon, un fils de la commune qui avait ramené sa Légion d'Honneur du front. Le silence se fit. Il parla. Il évoqua à sa façon, comme un soldat, la nostalgie de son enfance et les certitudes patriotiques qu'il avait chevillées au corps. Il encensa le sacrifice de ceux dont les noms s'alignaient sur le monument ; il en connaissait la plupart. Mais cet homme instruit, lucide et pressentant les conséquences qu'allait avoir le traité de paix entériné quatre ans plus tôt à Versailles, ne conclut pas son propos comme beaucoup l'espéraient : non, cette guerre n'était pas la « Der des Der », la dernière, car tôt ou tard elle reprendrait et de grands sacrifices seraient à nouveau nécessaires ; il fallait s'y préparer pour enfin, la prochaine fois, écraser et éloigner à tout jamais le danger allemand. Nul doute que les paroles clairvoyantes du capitaine de Valon semèrent le trouble et le malaise parmi l'assistance : non, assez, c'était assez ! Plus de guerre ! Et pourtant, vingt ans plus tard...

Figure 61. La nécropole de Douaumont sur le champ de bataille de Verdun.

Epilogue

Ainsi, c'est avec les noms de destins brisés inscrits dans la pierre d'un monument que se termine cette évocation du passé pontcirquois. Ne restons pas sur cette note triste et contemplons plutôt la solidité de l'héritage de nos ancêtres : nous vivons entourés des maisons qu'ils ont construites, des murets de pierre qu'ils ont patiemment élevés et les terres qu'ils ont commencées à défricher il y a bien plus de mille ans sont encore cultivées par nos paysans ; quant à la tradition orale locale, elle se transmet encore même s'il est vrai que c'est souvent par bribes. Dans une société qui change toujours plus vite en suivant une route incertaine, peut-on rêver cadre plus rassurant pour vivre sans anxiété les évolutions du monde moderne ?

Je ne conclue pas, volontairement : des pans entiers de l'histoire pontcirquoise restent encore à écrire…

Flottes, le 8 juin 2011

Sources et bibliographie

Sources.

Archives départementales du Lot.

-EDT 223, Archives communales de Pontcirq :
    *1 D 1 : délibération de la communauté1634.
    *1 D 2, 3, 4, 5, 6, 7, 8 : délibérations du conseil municipal 1834-1900.

-Fonds de Valon.

-Série B nos 170, 171, 205, 217, 239, 243, 259, 260, 280, 284, 286, 292, 298, 301, 302, 315, 326, 328, 423, 1033, 1034, 1035.

-Série C nos 53, 65, 81, 450, 511, 533, 630, 970, 974, 979, 980, 993, 1230.

-Série J nos 279, 432, 1177.

-Série 2 O, édifices publics, n° 243.

-Série 2 U, nos 204, 234, 325.

-Série 3 E, registres notariaux de Catus., nos 334 et 336.

-Série 3 U 1, nos 1539, 1565, 1548, 1629, 1634, 1709.

-1 M 15.

Archives Départementales de la Haute-Garonne.

Fonds Pélegry, 10 D 78, ff°184-187.

Archives municipales de Pontcirq.

-Etat-civil : naissances, mariages, décès (1802-1918), ainsi que divers papiers insérés dans les registres.

-Registre des arrêtés du maire de 1838 à 1996.

-Registres des délibérations de 1900 à 1908 et de 1908 à 1922. Ainsi que divers papiers insérés dans les registres.

-Registres des délibérations du bureau de bienfaisance, 1922 à 1935.

Archives municipales de Catus.

-Registre paroissial des naissances de 1676 à 1682.

Archives municipales de Cahors.

-CC19, pièce n°2.

-Fonds Greil, n°125

Archives municipales de Gourdon.

-Registres BB5 et BB6.

Archives privées de la famille Montagne.

Bibliothèque de la Société des Etudes du Lot.

-Fonds Jean Lartigaut (notes de recherches).

Bibliothèque Nationale.

-Collection DOAT, vol. XVI ff°180 et 256.

Service Historique de la Défense.

-Journaux de Marche et Opérations : 7e RI (26 N 579/1) ; 9e RI (26 N 581/1) ; 14e RI (26 N 586/4) ; 97e RI (26 N 672/11 et 12) ; 152e RI (26 N 697/14) ; 158e RI (26 N 700/11) ; 225e RI (26 N 720/21) ; 283e RI (26 N 738/8) ; 342e RI (26 N 756/8).

Bibliographie.

- *Annales des Missions Etrangères* : 1887 (p.79) ; 1892 (p.90) ; 1893 (p.105) ; 1910 (p.272).
- ALBE (E.), « Prélats originaires du Quercy dans l'Italie du XIVᵉ siècle », dans *Annales de Saint-Louis des Français*, 8ᵉ année (1903), 1ᵉʳ fasc., pp.137 et suiv. ; 279 et suiv.
- ALBE (E.), Inventaire raisonné et analytique des Archives Municipales de Cahors, 1ᵉ partie, Cahors, 1914 ; 2ᵉ partie dans *Bulletin de la Société des Etudes du Lot*, T.XLI (p.1-48), 1920, T.XLIII (p.1-28), 1922, T.XLV (p.29-99), 1924 ; 3ᵉ partie dans *Bulletin de la Société des Etudes du Lot*, T.XLVII (P.1-150), 1926.
- ALIZE (N.), *L'éducation des adultes en Moselle sous le Second Empire*, communication donnée au VIIᵉ séminaire européen du groupe de recherche de la SERFA / ESREA à l'université de Paris-Sorbonne, 28-30 juin 2006.
- *Annales des Mines. Partie administrative*, Paris, Commission des Annales des mines, 1880.
- AURICOSTE (F.), *Histoire de la seigneurie et du monastère des Junies*, Les Junies, éd. A.A.A.S.C.C.J, 2001.
- AURICOSTE (F.), « La seigneurie des Junies au XVIᵉ siècle au temps des Morlhon et de Jean du Pré, poète et guerrier, ami de Hugues Salel », dans *Bulletin de la Société des Etudes du Lot* T. CXXII (3ᵉ facs. 2001), pp.205-217.
- BOURZAC (A.), *Les bataillons scolaires (1880-1891). L'éducation militaire à l'école de la République*, Paris, L'Harmattan, 2004.
- *Bulletin des lois de l'Empire Français, XIᵉ série, règne de Napoléon III, Empereur des Français*, T.XV (partie principale), Paris, Imprimerie Impériale, 1860, p.538-539.
- *Bulletin des lois du royaume de France, IXᵉ série, règne de Louis-Philippe Iᵉʳ, roi des Français*, T.XXV (partie supplémentaire), Paris, Imprimerie Royale, 1844, p.586.
- *Bulletin pédagogique du département du Lot*, T.VIII, n°8 (01/06/1884), s.e., s.d.
- *Bulletin pédagogique du département du Lot*, T.I, n°11 (01/10/1884), s.e., s.d.
- CANGARDEL (F), COMBARIEU (L.), LACOMBE (P.), *Manuscrits de la ville de Cahors, le Te Igitur*, publication de la *Société des études littéraires, artistiques et scientifiques du Lot*, Cahors, imp. de A. Laytou, 1874. (Transcription et traduction du registre consulaire *Te Igitur*).
- CESAR, *La guerre des Gaules*, trad. par M. Rat, Paris, Garnier-Flammarion, 1964.
- CHAUDRUC DE CAZANNES, « Dissertation sur un monument votif élevé par la cité des Cadurcii à Marcus Lucterius Leo, prêtre de l'autel d'Auguste », dans *Mémoires de la Société Archéologique du midi de la France*, T.IV (1840-1841), pp.323-328.
- CLARY (abbé), *Dictionnaire des paroisses du diocèse de Cahors*, Cahors, Imp. Tardy, 1986.
- CLAVAUD (F.), *Cajarc, consulat du Haut-Quercy aux XIIIᵉ et XIVᵉ siècles*, 3 tomes, Etude démographique, thèse de l'Ecole des Chartes, 1989.
- COMBARIEU (L.), *Dictionnaire des communes du Lot*, Cahors, A. Laytou, 1881.
- COMBES (A.), « Analyse des registres municipaux de la commune de Cahors », dans *Bulletin de la Société des Etudes du Lot* T.XXXVIII (1913), p.25-96.
- DEMURGER (A), *Temps de crises, temps d'espoirs (XIVᵉ-XVᵉ siècles)*, tome 5 de la *Nouvelle histoire de la France médiévale*, Paris, Seuil, 1990, p.17-18.
- Direction Régionale des Affaires Culturelles, *Carte archéologique communale de Pontcirq*, notice élaborée par la Direction Régionale des Affaires Culturelles de Toulouse, s.e., s.d.
- *Discours et rapports du préfet, suivis des procès verbaux des délibérations prises pendant la session de 1858 du Conseil Général du Lot*, Cahors, A. Laytou, 1858.
- FAVIER (J.), *La guerre de Cent Ans*, Paris, Fayard, 1981 et 2001.

- FERTE (P.), « Recensement des étudiants du diocèse de Cahors (1679-1793) », dans *Bulletin de la Société des Etudes du Lot* T. CII (1e fasc. 1981), pp.17-111.
- FOISSAC (P), « Le collège Pélegry de Cahors aux XIVe et XVe siècles. Troisième partie : les hommes », dans *Bulletin de la Société des Etudes du Lot* T. CXXV (3e fasc. 2004), pp.169-189.
- FOISSAC (P.), *Notices biographiques des collégiats de Cahors et Toulouse*, notice sur Jean de Molières, s.e. Consultable sur www.societedesetudesdulot.org
- FONTENILLE (Paul, de), « Recueil d'inscriptions intéressant le Quercy (fin) », dans *Bulletin de la Société des Etudes du Lot*, T. XXVII (1902), p.2-15.
- FOURASTIE (J.), *Rapport de l'Archiviste Départemental du Lot*, Cahors, Coueslant, 1924 et 1925.
- FOURASTIE (J.), « Une réflexion sur l'histoire démographique de Douelle », dans *Bulletin de la Société des Etudes du Lot* T.CVII (2e fasc. 1986), pp.154-168.
- FOURASTIE (V.), *Cahiers de doléances de la sénéchaussée de Cahors pour les Etats Généraux de 1789*, Cahors, Coueslant, 1908.
- GALAIZE (S.), *Dépouillement des archives du Service Historique de l'Armée de Terre*, s.e., s.d.
- GUIBERT (A.), *Dictionnaire géographique et statistique*, Paris, Jules Renouard & cie, 1850.
- HAUTEFEUILLE (F.), « La délimitation des territoires paroissiaux dans les pays de moyenne Garonne (Xe-XVe siècles) », dans *Médiévales* n°49 (2005), pp.73-88.
- *Historique du 14e Régiment d'Infanterie*, Toulouse, Privat, 1920.
- *Historique succinct du 2e Bataillon d'Infanterie Légère d'Afrique*, Mercier & Cie, Casablanca, 1920.
- HOUDAILLE (J.), « La nuptialité sous la Révolution et l'Empire », dans *Population* vol. 37 (n°1 1982), pp.160-167.
- IOGNA-PRAT (D.), ZADORA-RIO (E.), « formation et transformation des territoires paroissiaux », dans *Médiévales* n°49 (automne 2005).
- *Journal d'Agriculture Pratique* vol. 2 (1894).
- *La vie de Saint-Didier, évêque de Cahors*, publiée par René Poupardin, Paris, Picard, 1900, p.27.
- LABROUSSE (M.), « Circonscription de Toulouse », dans *Gallia* vol. 20 (n°2 1962), pp.590-591.
- LABROUSSE (M.), « Circonscription de Toulouse », dans *Gallia* vol. 22 (n°2 1964), p.462.
- LACOSTE (G.), *Histoire générale de la province du Quercy*, 4 tomes, Cahors, Girma, 1883-1886 ; Rééd. Laffitte Reprints, Marseille 1982.
- LAGARDE (M.), « Monographie de Pontcirq », dans *Le Lot vu par ses maîtres d'école, recueil des monographies des communes rédigées par des instituteurs de l'arrondissement de Cahors (1880-1881)*, Volume 3 : canton de Catus, Cahors, Archives Départementales, 2007.
- *La Grande Encyclopédie, inventaire raisonné des sciences, des lettres et des arts*, T.27, Paris, Société anonyme de la Grande Encyclopédie, 1900.
- LARTIGAUT (J.), « Ferriers pyrénéens établis en Quercy au XVe siècle », dans *Annales du Midi*, T. LXXV, n°3 (1963), pp.195-201.
- LARTIGAUT (J.), « Habitants de Luzech (1374-1378 », dans *Bulletin de la Société des Etudes du Lot* T. CXIX (3e fasc. 1998).
- LARTIGAUT (J.), *Labastidette Basse*, manuscrit inédit.
- LARTIGAUT (J.), « La fortune foncière de François d'Albareil », dans *Moi, Géné.. ?!*, n°26 (avril 1998), pp.119-121.

- LARTIGAUT (J.), « L'historien et les traditions locales », dans *Bulletin de la Société des Etudes du Lot* T. CXIV (3e fasc. 1993), pp.187-208.
- LARTIGAUT (J.), « L'indivis de Saint-Médard », dans *Bulletin de la Société des Etudes du Lot* T. LXXXIV (3e fasc. 1963), pp.145-154.
- LARTIGAUT (J.), « Les Commarques en Quercy (fin XIIIe-milieu XIVe siècle) », dans *Bulletin de la Société des Etudes du Lot* T. CVII   (4e fasc. 1986), pp.273-281.
- LARTIGAUT (J.), « Les voyages de Jean Drulhe, prêtre de Lauzerte (1484-1487) », dans *Bulletin de la Société des Etudes du Lot* T. CXX   (1er fasc. 1999), pp.1-14.
- LARTIGAUT (J.), « Notes sur l'exploitation du fer dans la région de Catus au XVe siècle », dans *Bulletin de la Société des Etudes du Lot,*   T. LXXX (4e fasc. 1959), pp.243-253.
- LARTIGAUT (J.), « Le château de Labastidette-Haute, commune de Pontcirq », dans *Bulletin de la Société des Etudes du Lot* T. LXXVIII (1957), p. 109-118.
- LARTIGAUT (J.), *Le Quercy après la guerre de Cent Ans*, Cahors, Ed. Quercy-recherche, 2001. (Réédition augmentée de l'ouvrage *Les campagnes du Quercy après la guerre de Cent Ans*, Toulouse, 1978), p.40.
- LARTIGAUT (J.), « L'ascension sociale d'une famille d'immigrants en Quercy au XVe siècle », dans *Annales du Midi* T. 83, n°128 (juil. sept. 1976), pp. 261-286.
- LARTIGAUT (J.), « Le verger de Labastidette », dans *Bulletin de la Société des Etudes du Lot* T. CII (3e fasc. 1981), p. 285.
- LARTIGAUT (J.), « Les origines des Molières, seigneurs de Labastidette, en Quercy (1440-1540) », dans *La France généalogique* (année 1959, n°3).
- LARTIGAUT (J.), « Recherches sur Pontcirq avant 1500 », dans *Bulletin de la Société des Etudes du Lot* T. LXXXI (2e fasc 1960), pp. 104-117.
- LARTIGAUT (J.), « Recherches sur Pontcirq avant 1500 (fin) », dans *Bulletin de la Société des Etudes du Lot* T. LXXXI (4e fasc. 1960), pp. 217-226.
- LARTIGAUT (J.), « Une famille bourgeoise du Quercy et les Antilles », dans *Bulletin de la Société des Etudes du Lot* T. XCI (2e fasc. 1970), pp. 57-67.
- LARTIGAUT (J.), « Un ménage cadurcien au XVIIe siècle. Arnaud de Besombes et Anne de Molières », dans *Bulletin de la Société des Etudes du Lot* T. LXXXIV (1e fasc. 1963), pp.12-31.
- *Le Lot vers 1850, recueil de monographies cantonales et communales établies par les contrôleurs des contributions directes*, Vol. 1, publiées par Christine Constant-Le Stum, Cahors, Archives Départementales du Lot, 2001.
- *Les archives Murat aux archives Nationales*, Paris, Archives Nationales, 1967.
- LOGNON (A.), « Pouillé du diocèse de Cahors », dans *Collection de documents inédits sur l'histoire de France*, T. II (1877), pp.3-186.
- MARIA DE SORA-MORALES (J.), « La immigracio francesa a Olot (Girona) als segles XVI i XVII », dans *Acte du XLIIe congrès de la Fédération Historique du Languedoc Méditerranée et du Roussillon* (Perpignan 1969).
- MEYRAT (J.), *Dictionnaire national des communes de France et d'Algérie*, Paris, Meyrat, 1914.
- MOLINIER (A.), *Correspondance administrative d'Alphonse de Poitiers*, t.II, Paris, Imprimerie Nationale, 1900, pp.171, 187, 188, 195.
- NEGRE (E.), *Toponymie générale de France*, 3 vol., Droz, Genève, 1998, vol. 3, p.1442.
- PELET DE LA LOZERE (J.C.), *Opinions de Napoléon sur divers sujets de politique et d'administration, recueillies par un membre de son conseil d'état : et récit de quelques événements de l'époque*, Paris, Didot Frères, 1833

- *Rapports du préfet et procès-verbaux des délibérations du Conseil Général du Lot, session d'avril 1880*, Cahors, A. Laytou, 1880.

- ROQUEFORT (J.B.), *Glossaire de la langue romane*, T.I, Paris, B. Warée, 1808, pp.652-653.

- SAINT-ALLAIS (de, M.), *Nobiliaire universel de France*, T. XIV (2ᵉ partie), Paris, Librairie Ancienne et Moderne, 1876.

- SAVY (N.), *Les villes du Quercy en guerre. La défense des villes et des bourgs du Haut-Quercy pendant la guerre de Cent Ans*, Cahors, Savy A.E., 2009.

- SCELLES (M.), *Cahors, ville et architecture civile au Moyen Âge (XIIᵉ-XIVᵉ siècles)*, Paris, Éditions du patrimoine, 1999.

- THOUVENIN-CROUZAT (M.), « Levées et passages de troupes dans le Lot en 1792-1793-1794 », dans *Bulletin de la Société des Études du Lot* T. CXXI (1ᵉ fasc. 2000), (pp.29-38), p.29.

- VALON (de, F.), *Le château de Labastidette-Basse et les inscriptions de Pierre-Louis de Besombes de Saint-Géniès*, Cahors, A. Dhiver, 1937.

- VALON (de, L.), « Essai historique et généalogique sur la famille de Valon », dans *Bulletin de la Société Scientifique, Historique et Archéologique de la Corrèze* T.XXXV (1913), p.23-91.

- www.patrimoine-lot.com, le portail patrimoine du Conseil Général du Lot.

Tables des figures, cartes et graphiques

Figures.

Figure 1. La fontaine de Fontalbe. 11
Figure 2. Vue aérienne de vestiges souterrains...................................12
Figure 3. Pontcirq dans les années 1900. 19
Figure 4. Vue de face de l'église. Essai de reconstitution pour l'époque médiévale. 21
Figure 5. Vue aérienne du Cluzel...25
Figure 6. Le repaire de Tourniac vu depuis le Sud.............................29
Figure 7. Vue aérienne de Tourniac...30
Figure 8. Page du terrier de Géraud de Sabanac concernant Pontcirq33
Figure 9. Le pape Jean XXII (1316-1334)..36
Figure 10. La Font Polémie. 38
Figure 11. Vue aérienne de Labastidette. 66
Figure 12. Le massacre de Cahors (19 novembre 1561), par Jean-Jacques Perrissin.
....72
Figure 13. Maison du début du XVIIe siècle à Valdié.....................77
Figure 14. Vue de face de l'église. Essai de reconstitution après les travaux du XVIIe
siècle...79
Figure 15. Vue de la chapelle construite au XVIIe siècle....................80
Figure 16. Labastidette, façade sud. 84
Figure 17. La chapelle de Labastidette..87
Figure 18. Vue de l'île de Sainte-Lucie...91
Figure 19. Soldats français au Canada durant la guerre de Sept Ans.93
Figure 20. Le Calvaire de Valdié. 95
Figure 21. Linteau de porte à Tourniac...96
Figure 22. Ruines du hameau des Calvignacs......................................100
Figure 23. Rostassac (années 1910-1920)..104
Figure 24. Guillaume Lagarde fils vers 1885 ; il fut instituteur de Pontcirq de 1879 à
1909. *Coll. Montagne.* 112
Figure 25. Le sergent-major Jean-Pierre Pradié, vers 1885...............123
Figure 26. Coupe transversale de l'église. Etat début XIXe siècle....136
Figure 27. L'emplacement de l'ancien cimetière, place du 19 mars 1962.   137
Figure 28. Vue de l'église côté sud. Etat 1841-1859............................139
Figure 29. Le nouveau clocher construit durant les années 1860....140
Figure 30. La fissure fragilisant la voute du chœur de l'église. 142
Figure 31. Plan de l'église après les travaux de 1859-1862................141
Figure 32. Vue actuelle de Pontcirq. 143
Figure 33. Plan de la maison Devès avant son achat par la commune.149
Figure 34. La maison Devès et le village, années 1900-1910............152
Figure 35. Plan des écoles de Pontcirq après l'achat de la maison Devès. 153
Figure 36. La maison Devès de nos jours. 155

Figure 37. Souvenirs d'école d'Henri Péchauvy, né le 12 août 1869, qui fut élève de Guillaume Lagarde fils.................157

Figure 38. Le « bataillon scolaire » de Pontcirq vers 1885................158

Figure 39. Le village de Torres Vedras était sur la première des trois lignes fortifiées dites de Torres Vedras.................166

Figure 40. La médaille de Sainte-Hélène fut décernée en 1857 aux survivants des armées de Napoléon Ier.................167

Figure 41. La fosse commune où sont enterrés les soldats du 4e Régiment d'infanterie de Marine morts devant Sébastopol.................169

Figure 42. La médaille de Crimée fut décernée par la reine Victoria à tous les soldats du corps expéditionnaire.................170

Figure 43. Médaille commémorative de la guerre 1870-1871.........172

Figure 44. Les combats du cimetière de Saint-Privat, notamment défendu par le 94e RI. 173

Figure 45. L'église de Mascara.................175

Figure 46. Convoi d'artillerie passant la Rivière Noire. Bataille d'Hong-Hoa (1884). 176

Figure 47. La médaille coloniale fut créée en 1893 pour récompenser la participation aux actions de guerre dans les colonies.................178

Figure 48. Caserne du 2e Génie à Montpellier.................181

Figure 49. Rostassac et la vallée du Vert au début du XXe siècle....183

Figure 51. La famille Lagarde dans son jardin, à la Crouzette, au début du XXe siècle. 185

Figure 52. La caserne du 7e RI à Cahors avant 1914.................189

Figure 53. Le bois rectangulaire à Perthes-les-Hurlus.................191

Figure 54. Boyau dans les environs du fort de Vaux (1916).................193

Figure 55. Le village de Fleury au début de la bataille de Verdun...194

Figure 56. Le village de Fleury aujourd'hui.................195

Figure 59. Médaille commémorative de la bataille de Verdun.........196

Figure 57. Soldats français sur la crête de la côte 304.................198

Figure 58. Tranchée au Bois Brûlé (commune d'Apremont, Meuse).199

Figure 60. La Croix de Guerre, médaille emblématique de la guerre 14-18.   202

Figure 61. La croix du combattant.................204

Figure 62. La nécropole de Douaumont sur le champ de bataille de Verdun.   206

Cartes.

Carte 1. Le relief de Pontcirq.................15

Carte 2. Localités prises par Philippe de Jean et Bertrand de Pestillac en 1346.   46

Graphiques.

Graphique 1. Naissances et décès à Pontcirq (1802-1815)...............124

Graphique 2. Naissances et décès à Pontcirq (1833-1842)...............125

Graphique 3. Naissances et décès à Pontcirq (1853-1862)...............125

Graphique 4. Naissances et décès à Pontcirq (1883-1892)...............128

Graphique 5. Naissances et décès à Pontcirq (1803-1902)...............128

Table des matières

Préface.. 5
Avant-propos et remerciements................................ 6
Introduction 8

I. Les temps anciens (jusqu'au XIIe siècle)................ 10
Une terre habitée depuis des temps immémoriaux, 10 - Le Haut Moyen Age et la formation de la paroisse, 16.

II. Le XIIIe siècle 22
Les seigneuries... 24
Le Cluzel, Rostassac et Tourniac, 24 - Floyras, 31 - Le réseau seigneurial de la paroisse, 34.
La vie agricole. 37
La vie quotidienne à la veille de la guerre de Cent Ans............ 41

III. La guerre de Cent Ans... 45
La première prise de Pontcirq, 45 - Les malheurs des temps, 47 - Pontcirq aux mains des Anglo-Gascons, 54.

IV. La reconstruction 61
L'œuvre des Molières, 61 - L'action du collège Pélegry, 67.

V. Les guerres de religion 71

VI. Les XVIIe et XVIIIe siècles 75
Des habitants pauvres, un territoire en mal d'unité, 75 - La communauté, 80 - Les seigneurs, 82 - Une communauté qui se structure... Et s'ouvre au monde, 88 - La Révolution, 94.

VII. Le XIXe siècle, temps des grands changements 103
La perte de la section de Brugoux. 108
La population... 111
Démographie. 119
La vie religieuse. 132
La force de la religion catholique, 132 - L'agrandissement de l'église, 135.

L'instruction publique.. 144
Les débuts, 144 - La nouvelle maison d'école, 146 - Les élèves et l'enseignement, 154 - La laïcisation de l'enseignement, 160.
Un siècle d'aventures individuelles. 162
L'épopée du Premier Empire, 162 - Les guerres du Second Empire, 169 - Les conquêtes coloniales, 174 - Préparer la "revanche", 179.

VIII. La grande hécatombe (1914-1918) 187

Epilogue 209

Sources et bibliographie 211
Sources, 211 - Bibliographie, 213.

Tables des figures, cartes et graphiques................... 217
Table des matières 219

www.ingramcontent.com/pod-product-compliance
Lightning Source LLC
Chambersburg PA
CBHW051955090426
42741CB00008B/1409